Johann Caspar Füssli

Verzeichniss der ihm bekannten schweizerischen Insekten

mit einer augemahlten Kupfertafel, nebst der Ankündigung eines neuen

Insekten Werks

Johann Caspar Füssli

Verzeichniss der ihm bekannten schweizerischen Insekten
mit einer augemahlten Kupfertafel, nebst der Ankündigung eines neuen Insekten Werks

ISBN/EAN: 9783743427341

Hergestellt in Europa, USA, Kanada, Australien, Japan

Cover: Foto ©berggeist007 / pixelio.de

Weitere Bücher finden Sie auf **www.hansebooks.com**

Joh. Caspar Fueßlins
Soc. Phys. Turic. Membr.

Verzeichnis
der ihm bekannten

Schweitzerischen Inseckten
mit

einer ausgemahlten Kupfertafel:

nebst der Ankündigung eines neuen

Insecten Werks

Zürich und Winterthur.
Bey dem Verfasser, und in Commission bey Heinrich Steiner und Compagnie.

1775.

Vorrede.

Der Hr. von Haller sagt in der Vorrede zu seiner Geschichte der schweizerischen Pflanzen: Die Schweiz stellt beynahe alle Länder von dem entfernten Spizbergen weg, bis nach Spanien vor: diesen Satz beweiset so wohl seine Pflanzen-Geschichte, als auch gegenwärtiges Insecten-Verzeichnis; in jener kommen Pflanzen und in diesem Insecten vor, die sonst diesen von einander entfernten Ländern eigen sind.

Ich hatte mir schon vor einem Jahr vorgenommen, die Geschichte der mir bis dahin bekannt gewordenen schweizerischen Insecten, in einem systematischen Werke, nebst Abbildung von denen, so noch in keinem mir bekannten Werke abgebildet worden, herauszugeben — ich hatte schon die diesem Verzeichnis beygefügte Tafel hiezu gewiedmet, als ich von Hrn. D. Sulzer * in Winterthur vernahm, daß er ein fast ähnliches Werk auszuarbeiten und herauszugeben gesinnet wäre — ich hätte meine eigene Schwäche, und dagegen die Geschicklichkeit dieses mir so schätzbaren Freundes nicht kennen müssen, wann ich nicht also bald bereit gewesen wäre, mein Vorhaben zu Gunsten des seinigen aufzugeben, und alles anzuwenden, ihn so viel möglich zu Ausführung desselben aufzumuntern, meine Bemühungen waren nicht umsonst; Hr. D. Sulzer entschloß sich noch im vorigen Jahr, Hand an sein Werk zu legen, und arbeitet itzt nun beständig, so viel es ihm seine übrigen wichtigen Geschäfte erlauben, unermüdet daran fort. Er hatte die Gewogenheit für mich, mir auf meine Bitte den Plan seines Werkes in einem Brief mitzutheilen, ja er erlaubte mir so gar, denselben durch den Weg der Presse allen Naturforschern und Insecten Liebhabern in die Hände zu liefern. Hier ist er!

---

* Von ihm haben wir die Kennzeichen der Insecten nach Anleitung des königlichen schwedischen Ritters und Leibarzts Carl Linnäus, durch XXIV. Kupfertafeln erläutert ꝛc. 4to. Zürch 1761.

Mein schäzbahrster Freund!

Sie stehen im Begriff, alle Insecten, welche in der Schweiz gefunden und von Ihnen beschrieben werden, durch den Weg der Presse ihren Freunden, und zugleich allen Liebhabern der Naturhistorie bekannt zu machen. — Sehr willkommen und erwünscht muß ein solches Geschenk dem denkenden Publico und unentbehrlich ihren Correspondenten seyn; denen Sie hiemit auf einmal eine Menge Zweifel benehmen, und sie in den Stand setzen, mit Ihnen alsdenn ganz bestimmt zu erkennen, welche, unter der grossen Zahl der in der Schweiz gefundenen, in andern Ländern entweder gar nicht, oder doch höchst selten angetroffen, welche mithin im strengen Verstand Schweizerische Insecten genennt zu werden verdienen.

Ob dieselben eine grössere oder kleinere Anzahl ausmachen, wie merkwürdig oder unmerkwürdig sie seyn, das wird sich hernach schon zeigen; anizt liegt die Sache noch im Zweifel. Vielleicht mag andern sehr befremden, was uns alltäglich scheint. Nur in der ganz kleinen Entfernung Z** von W** trifft das schon ein; dieses oder jenes Insect wird am einten Orte ungemein häuffig, am andern, bei gleichen, wenigstens gleich scheinenden Umständen, ungemein selten angetroffen. Ob sich Colonisten vom einten Orte an den andern verbürgern liessen, wäre, ohne Stöhrung der politischen Balance, leicht zu versuchen, und sollte, läßt sich denken, sich bald zeigen, ob der Zufall oder natürliche Gründe Schuld an diesem Umstande wären, vorläufig bin ich geneigt, in den mehresten Fällen, der lezteren Meinung beizupflichten: So bald die Opuntia bei uns wild wächst, werden wir für die Cochenille nicht sorgen dörfen; bis dahin müssen wir mit den Schild- und Blattläusen vorlieb nehmen: Vielleicht wenn wir Geschick und Gedult hätten, könnten uns diese in der Färberey und Mahlerey die Cochenille ersetzen.

Ein Amerikaner bewundert den prächtigen Priamus vielleicht eben so wenig, als wie wir den weissen Kohlschmetterling: aber der Mohr stuzt über den Weissen, und der weisse Mensch hält den Schwarzen für etwas ausserordentliches. Von stuzender, starrender Bewunderung gleich ferne, und ganz in der unapathetischen mitte, sieht hingegen der Koßmopolit, dem es weder um Schweizerische noch Indische Insecten zu thun seyn kan, aber um alle — jede zu kennen, ihre eigene Gestalt, ihre Anzahl, Lebensart, Alter, Zeit, Nuzen, Schaden, mit einem Wort alles, was einem jeden eigen ist. Der entfernte Freund der Naturhistorie wird in dem grossen Verzeichnis von Insecten, welche wir in der Schweiz gefunden haben, nicht lauter unbekannte, seltsam gestaltete, sondern meistens solche finden, die auch in andern Ländern, ja in allen vier Welttheilen wohnen;

aber wohl auch viele, die so selten in platen Ländern sind, als die Kräuter der hohen Alpen. Diese wenigen nun, welche wir, zufolg bisherigen Beobachtungen für Schweizerisch halten, wollten Sie eben durch ausgemahlte Abbildungen bekannt machen, als einer meiner Freunde Ihnen sagte, daß ich vielleicht fast ähnliche Absichten hätte. Da waren Sie nun so gütig, Ihren Plan zu gunsten des meinigen abzuändern, und anerbotten sich, mir zu meinem Vorhaben alle die Hülfe zu leisten, die Sie können.

Das alte Reich der Insecten hat sich in lezt abgeloffenen drey lezten Lustris, so wenig als in so vielen Seculis verändert; die vermeinte Zwitterbiene war damals so gut wie izt weiblichen Geschlechtes; aber unsere Beobachtungen haben sich vermehrt, berichtiget, und daher unsere Begriffe und Kenntnisse sich verbessert: Nicht nur viele Arten, selbst von den alten und bekannten wesentlich verschiedene, folglich neue Geschlechte von Insecten sind entdeckt worden, so daß sich der Ritter von Linné gemüßiget sah, bey der lezten Ausgabe seines mit unendlichem Scharfsinn, und unbegreiflicher Arbeit immer mehr und mehr verbesserten, bewundernswürdigen Natursysteme von Anno 1767. auch das Kapitel der Insecten so sehr um zu arbeiten, daß unsere Kennzeichen, welche Anno 1761. bey Herren Heidegger und Comp. in Zürich gedruckt sind, dadurch sehr zurück gesezt worden, und mithin einer gewaltigen Verbesserung nöthig hatten. Da aber die alten Tafeln, erstlich um ihrer damaligen Eintheilung willen, zweitens sie durch die gemachten vielen Abdrücke, die sich völlig vergriffen haben, unbrauchbar geworden; ich über das von verschiedenen Seiten aufgefordert wurde, des Herrn von Linné Verbesserungen zu nutzen, so fand ich, daß ein von dem Ersten ganz verschiedenes Werk zu unternehmen wäre, und das Erste in seinem Werth oder Unwerth gelassen werden müsse. Ein angesehener schäzbarer Freund zu London machte mir es zur Pflicht, und trachtete, mich durch den hohen Beyfall der Herzoginn von Portland, und einiger berühmter Männer, diesem Ziel näher zu bringen, wenn nicht immer eine menge Schwierigkeiten, meine wenige Musse, insonderheit meine geringen Kräfte, sich mir entgegen gestellt hätten. Nur ihr kräftiger Beistand, ihre und unsers gemeinschaftlichen Freundes des Hrn. Dr. Amsteins kräftiger Beistand, beider vielfache Erfahrung, beider grosse Belesenheit, und freundschaftlichsten Anerbietungen allein konnten mich zum Entschluß bringen, um so eher da Sie und unser vortreflichste, um die Landwirthschaft und Naturhistorie verdiente Herr Schultheß mir dazu ihre reichen Sammlungen und alle mögliche Hülfe anbieten, so daß ich nur gern gestehe, wenn das Werk, so ich izt unternehme, einiges Verdienst hat, dasselbe mehr Ihnen, als mir zuzuschreiben seyn wird. Wahre Kenner werden ihre grosse Verdienste diesfalls mit verdienter Achtung belohnen.

Ueber den Plan nun meines Werks kan ich ganz kurz seyn. Es ist beinahe der Ihrige, nehmlich die der Schweiz eigenen Insecten herauszugeben, selbige dem Aufmerksamen Publico in Gesellschaft verschiedener anderer meistens Ost- und West-Indischer willkommner zu machen, und dieses zwar in der von Linné angenommenen systematischen Ordnung. Ich will mich aber (nicht um Ihrent willen) etwas umständlicher erklären.

Lassen Sie uns denn auf die erste Klasse, d. i. auf die Insecten mit harten Flügeldecken einen Blik werfen. Nach der vorigen (zehnten) Ausgabe des Linnäischen Systemes belief sich die Zahl aller Geschlechter dieser Klasse auf sechs und zwanzig. Izt hat der Ritter die Gryllos und Blattas herausgeschaft, und den Hemipteris oder den Insecten mit after Flügeldecken zugesellet. Die Kinnladen und Freßgebiße dieser Geschlechter bewogen ihn bisher, sie in der zahlreichen und mannigfaltigen jedoch durchgängig mit Freßzangen versehenen ersten Klasse stehen zu lassen, und nicht zu der zwoten zu rechnen, weil selbige statt der Freßzangen mit einem Saugstachel versehen. Indessen da doch aller sieben Klassen haupt unterscheidungs Merkmaal von den Flügeln hergenommen war, diese aber offenbar keine harte Flügeldecken haben, könnte man auf Kopf und Schwanz nicht achten, und nahm sie in die zwote Klasse. Unser grosser Lehrer wußte diesen Abgang bald mit sechs neuen Geschlechtern zu ersetzen, so daß wir izt dreißig in der ersten Klasse zählen. Diese Geschlechter enthalten nach der lezten Edition 891 Arten, mit der Mantissa 905; zu welchen noch viele Schweizerische kommen. Alle 900 bis 1000 Individua habe ich izt vor mir, welcher bewunderswerther Anblick, Mein Freund! für einen, dessen Augen der grosse Schöpfer zur Betrachtung seiner Werke geöfnet hat! Aus dieser Menge sondere ich nun zuerst diejenigen aus, welche ich für National-Schweizerische halte, das ist, solche Käfer, die ich weder von Linnäo noch von andern beschrieben finde, die sich aber bey uns in mehrerer oder minderer Zahl haben antreffen lassen. Zweitens merke ich diejenigen an, welche sehr selten, und bey den wenigsten Authoren gefunden werden. Drittens solche, welche zwar von andern beschrieben, aber nirgends, oder doch nur schlecht und unkenntlich abgebildet worden sind. Viertens; exotische, Ost- und Westindische, welche weder von Roesel, Drury noch andern gemahlt worden sind. Von der grossen, merkwürdigen, herrlichen Schaar dieser ausgesönderten lese ich nun die tauglichsten aus, den Karacter eines jeden Geschlechtes und desselben Divisionen vorzustellen, und solche, welche der Attention besonders wehrt scheinen, und so viel auch der Raum der Tafeln gestattet, deren Zahl ich auf sieben bestimmt habe. Mit Geschmak, der Sachen vollkommenster Kenntniß, mit einer Meisterhand werden diese denn von meinem Werthen Freund Herrn Rod. Schellenberg nach der Natur gezeichnet, und nach diesen aufs fleißigste in Kupfer geäzt. Sie wollen denn, Liebster Herr Füßlin, durch geschikte, von Ihnen selbst angeführte Jünglung: nach Herrn Schellenbergs Mustern die fleißigste, exacteste Illumination dieser Tafeln bewerkstelligen lassen.

Ich kann mich nun der Mühe überheben, von den andern Klassen weitläufig zu seyn, weil von allen gilt, was ich in Absicht der Ersten gesagt habe. Die folgende wird vier; die dritte Klasse der Schmetterlinge eilf; die vierte zwo; die fünfte zwo, die sechste zwo, und die siebende drey; folglich in allem ein und dreißig Tafeln anfüllen. Das Format von dem Text und den Tafeln ist in groß Quarto. Leztere werden von einem der besten Kupferdrucker auf sehr schönes Papier gedrukt; auch der Text soll, zwar ein etwas dünneres, aber doch eben so schönes weisses Papier bekommen; kurz, nichts gespahrt werden, dem Werk alle mögliche Vollkommenheit und Ansehen zu geben.

Vielleicht kan sich das Publicum von der Beschaffenheit und dem Werth der Tafeln einen etwelchen Begriff machen, wenn Sie ihrer Enumeratio diejenige Tafel Schweizerischer Iniecten beirücken, welche Sie vor etwas Zeit in andern Absichten von Herrn Schellenberg haben machen lassen; und ihre Illuministen können sich dabei üben, um hernach die Tafeln des Werks selbst mit sicherer Hand geschikter illuminiren zu können. Sonst pflegt man, die Beispiele würden nicht ehrenhaft seyn, immer bessere Proben zu zeigen, als hernach geleistet wird. Man sucht eine Tafel aus, die am besten in die Augen fällt, die Fehlerloseste, die vollkommenste, mithin die beste von allem, so recht nach Krämermanier ꝛc. ꝛc. Diese unedeln Kunstgriffe, liebster Herr Füßlin, brauchen wir nicht, das Publicum, welches, man mag es gleich noch so stark verschreyen wollen, immer die besten augen hat, wird es nicht ungern sehen, wenn von allem, was man nach einer solchen Probtafel zu erwarten berechtiget ist, das angenehme Gegentheil erfolget, und alles sehr viel besser ist ꝛc.

Da die Entomologie Herrn Schellenbergs Lieblings Studium ist, so kan man beeifert in diesem Fach weit mehr als in allen andern erwarten. Tafeln und Vignetten werden den Stempel eines Meisters und eines Kenners haben; So läßt sich auch mit begründeter Wahrscheinlichkeit von ihren Illuministen sagen, daß sie unter ihrer Aufsicht die Tafeln der Natur getreu und auf das zierlichste ausmahlen werden.

Nun sollte ich noch ein Wort von dem Text sagen, aber da fällt mir die Feder aus der Hand, und ich muß mir zum voraus die Nachsicht meiner Leser anerbitten; denn ich fühle allzuwohl, wie mangelhaft und unvollkommen derselbe seyn wird; indessen werde ich seiner Zeit, das Urtheil des Publici erwarten, und izt nur kurzlich von der Art desselben etwas gedenken. Da meine Kennzeichen das Glük gehabt haben, von dem aufgeklärten und hochachtungswürdigsten Theil des Publici sehr günstig beurtheilt und aufgenommen zu werden, so schien mir es ein Wink zu seyn, ich möchte auch diesesmal wieder den gleichen Weg nehmen, um so mehr, da es den Besitzern meiner Kennzeichen angenehm sein wird, in bekannten Gegenden zu spaziren, sich in dem neuen Werke gleichsam aller Orten zu erkennen, und gleichwol lauter neue Gegenstände anzutreffen. Ich werde mit einer Einleitung in die Insecten Lehre anfangen, wo immer, wie durchaus des Ritters Systema und seine Schriften zu Grund gesezt sind: alsdann folget eine fortschreitende Beschreibung der Geschlechter, ihrer eigenen Struktur und den besondern Verhältnissen, merkwürdiger Gliedmassen, deren Verrichtung, überhaupt der Sitten, Lebensart, Anzahl, Grösse, Nuzen und Schaden, und der etwann bekannten Mittel dagegen; alles so kurz und deutlich als möglich, mit Vermeidung alles steiffen und trocknen, so viel es nur die Beschreibung der Theile und Gliedmasse eines Insects erlaubt. Desto unterhaltender und ungezwungner hingegen werden zulezt allgemeine Betrachtungen über das ganze Reich der Insecten folgen, jedoch auch gleichsam nur kurze Betrachtungen, Gedanken, Muthmassungen, mit Vermeidung aller unnöthigen und nicht zwekmäßigen Weitläufigkeit; hingegen werde ich desto fleißiger, wo ich abkürze, den Leser auf die Autoren verweisen, wo über denselben Gegenstand ausführlich gehandelt wird.

Der Text dieses Werks wird ungefehr dreißig Bogen stark werden, und also bald, von unserm gelehrten Freund in B** der wie Sie wissen, ein grosser Insectenkenner, und beeden Sprachen Meister ist, ins Französische übersezt werden. Man wird keine eigene Wörter und Benennungen anbringen, wo man solche bei einem Reaumur, Geoffroi und Bonnet findet, und aufs stärkste beflissen seyn, ohne den Materien abbruch zu thun, die französische Sprache so zu schreiben, daß sie keinem Pariser anstößig seyn soll. Beide die deutsche und französische Edition sollen übrigens in allen Theilen gleichförmig seyn, und mit einander im Publico erscheinen. Wir sind izt willens, dieses Werk _____ _____ 1776. zu stande zu bringen: jedoch soll uns nicht einfallen, es zuverläßig zu versprechen weil zuverläßig _____ enge mögliche Hindernissen uns zu Lügnern machen könten, auch die Tugend der Eilfertigkeit _____ . unter den Regeln begriffen ist, nach welchem wir an diesem Werk arbeiten, und übig?s mit möglichstem Fleisse ausführen möchten. Der rechtschaffene und gutdenkende Herr Verleger hat es zu seinem grösten Verdruß schon erfahren, daß tausend Zufälle einen ehrlichen Mann hindern können, sein Wort, das pünctlich gegeben worden, pünctlich zu halten, deßwegen hat er auch auf den Weg der Praenumeration und Subscription verzicht gethan, ob schon es in mancher Absicht ihm wesentlich genuzt hätte.

Das

Das ist nun kürzlich das wesentlichste was ich Ihnen über den Plan meines Insectenwerks zu sagen habe; mit allem Fleiß und Eiser werde ich um so mehr an der Ausführung desselben arbeiten, da ich die schmeichelhafte Versicherung empfangen, daß der Ritter von Linné demselben seinen Beifall zu schenken geneigt ist, und den vorläufig Ihm mitgetheilten Plan gut heisset. Ich bin ꝛc.

D. S.

Wr. den 25. Julii 1774.

Ich hoffe der Herr Verfasser werde es mir verzeihen, daß ich seinen Brief nicht in einem Auszug (in welcher Absicht er wirklich an mich in vertraulichem Freundschafts-Styl geschrieben ward) sondern von Wort zu Wort meinen Lesern geliefert habe. — Ich fand den ganzen Innhalt desselben interessant, und nichts überflüßig gesagt; so werden es auch diejenigen finden, die nicht so wohl auf einen gelehrten Styl, als vielmehr darauf sehen, ob eine Sache so vorgestellt worden, daß sie jedermann faßlich und begreiflich oder anschaulich wird ꝛc.

Zum Vergnügen der Liebhaber kan ich itzt noch sagen, daß ich gegenwärtig schon die sieben ersten, oder die zur ersten Klaß gehörigen Tafeln, welche in allen Absichten vortreflich gerathen sind, vor mir habe — selbige enthalten über hundert Käfer, worunter etwa siebenzig sind, die in der Schweiz gefunden werden — diese habe ich schon in mein Verzeichnis eingetragen und an gehörigen Ort citirt, und mir dadurch Beschreibung erspahret, die ich überall, wo ich ein Insect gut beschrieben oder abgebildet gefunden, ausgelassen habe.

Ich komme nun wieder auf das Verzeichnis, und da finde ich nöthig, demselben einige Anmerkungen und Erläuterungen vorangehen zu lassen.

Wann wir die Schweiz von der Seite ansehen, wie sie uns der Herr von Haller in der oben angeführten Stelle und noch weitläufiger in der Vorrede zu seiner Pflanzen-Geschichte selbst, vorstellet; wann wir sein ungemein grosses Pflanzen Verzeichnis ansehen, so muß einem jeden von selbst einleuchten, daß dieses Land auch ausserordentlich reich an allerley Arten von Insecten seyn muß! Man wird sich demnach nicht verwundern, wann ich behaupte, daß dieses Verzeichnis von mehr als tausend Arten, kaum die Helfte der in der Schweiz lebenden enthalte? Nein, ich behaupte gewiß nicht zu viel, wohl aber zu wenig: man sehe nur einmal, wo die hier verzeichneten Insecten gefunden worden, so wird man finden, daß der weit grössere Theil aus dem Canton Zürich, der weit kleinere Theil aber aus andern Gegenden der Schweiz sind — was ist nun aber der Canton Zürich, gegen die übrigen Cantons und die Verbündeten und Zugewandten Orte, die wir alle zur Schweiz rechnen? Sind nicht die meisten dieser Länder, ein grosser Theil vom Bern Gebiet, die Gegenden um Genf herum, das Walliß und Veltlein, die italiänischen Vogteyen und das Liviner Thal viel wärmer, und folglich zu Hervorbringung mehrerer Arten von Insekten bequemer? und die Kältern, die Alpen Gegenden, werden die nicht auch ihre Insecten, freylich in geringerer Anzahl, aber gewiß desto seltenere, eigene haben? Laßt uns also mit grösster Wahrscheinlichkeit vermuthen, daß einst das Verzeichnis der Schweizerischen Insecten so wie das Hallerische Pflanzen Verzeichnis erstaunlich groß, und grösser als das jedes andern Landes seyn werde!

Mit öffentlichen Dank bemerke ich hier, daß ich die meisten hier, vorkommenden ausser dem Zürcher Gebiet gefundenen Insecten, der Gütigkeit meiner schäzbaren Gönner und Freunde, dem Herr Professor de Saussure und Herr L. Gourgas aus Genf, dem Herrn D. Amstien und Graf aus Marschlinz in Bündten, und dem Herrn S. Wyttenbach aus Bern zu danken habe. — Möchten uns doch diese gelehrten Männer ihre Beobachtungen und Entdeckungen über die Insecten ihrer Gegenden bald schenken, möchten sie sich hierzu durch diese meine geringe Arbeit, die die Naturforscher nicht befriedigen, wohl aber in grosse Erwartung sezen wird, aufmuntern lassen, dieser Erwartung zu entsprechen.

.

Noch kommen hier einige Insecten vor, die ich Gelegenheit gehabt habe, auf verschiedenen Reisen durch das Bündtner Land, Veltlein, einen Theil der italiänischen Vogteyen, das Liviner Thal, durch ein Theil des Bern Gebiets, durch das Walliß, dem Genfer See nach bis auf Genf, und auf den diesen nahe liegenden Bergen, Saléva, und Jura, zu haschen, dann haschen mußt ich sie, weil diese verschiedene Reisen sehr geschwind geschahen und ich mich nirgends aufhalten konnte.

Endlich bleiben mir noch eine Menge Insecten übrig, die ich bis dahin noch in keinem Werk beschrieben oder abgebildet gefunden, und die ich ohne weitläufige Beschreibung oder eine richtige Abbildung diesem Verzeichnis nicht beifügen konnte, ersteres ist aber dem Zweck dieses Verzeichnis nicht gemäß, lezteres aber wird größtentheils durch das Sulzerische Werk geschehen — was dieses übrig läßt, werde ich vielleicht nachher auf eine andere Weise den Liebhabern bekannt machen.

Einen wichtigen Nutzen mag nun gegenwärtiges Verzeichnis für die auswärtigen Sammler haben; sie können nun darnach bestimmter wissen, was sie von ihren Freunden aus der Schweiz zu erwarten haben, und daß nicht alle Insecten dieses Landes neu und sonst in keinem Lande zu finden seyn, wie einige diese irrige Meynung wohl mögen gehabt haben, wann sie ihren Freunden nur überhaupt um schweizerische Insecten geschrieben haben. — Auch der schweizerische Naturforscher wird hier manches Insect als einen Schweizer Bürger verzeichnet finden, das er vorher nirgends anderst als aus Deutschland oder Frankreich ꝛc. erhalten zu können glaubten.

Bey Uebersetzung der Linnäischen Kunstwörter und Namen, habe ich mich vorzüglich der Sulzerischen Kennzeichen und Herr Müllers Uebersetzung des Natursystems bedienet. Meine Leser mögen entscheiden, ob ich da, wo ich mir die Freyheit genommen von Ihnen abzuweichen, den Sinn des Ritters besser getroffen habe.

Vielen Insecten habe ich gar keinen deutschen Namen beigesetzt. — Diese kannte ich entweder nicht genug, daß ich ihnen einen schicklichen zu geben gewußt hätte; oder ich fand auch kein dem Lateinischen paralleles deutsches Wort, und wollte sie also, da mir die Müllerischen auch nicht gefielen, lieber ohne Namen lassen.

Bey den meisten in diesem Verzeichnis vorkommenden Insecten habe ich mich, wo von dem Aufenthalt die Rede ist, des Ausdrucks bedient. Bey uns selten — bey uns nicht selten — bey uns auf der oder dieser Pflanze u. s. w. Dieses sind allemal solche, die um Zürich herum gefunden worden, und von denen ich vermuthe daß sie fast in den meisten Gegenden der Schweiz (die Alpengegenden ausgenommen) auch zu finden seyn; wo ich aber ein Insect in einer andern Gegend als in dem Canton Zürich gefunden, oder von einem Freund erhalten, habe ich allemal den Ort und den Freund benennet.

Da ich immer einen ziemlichen Vorrath von unsern Insecten besitze, so werde ich mit Vergnügen einem jeden Liebhaber gegen andere, die entweder in unsern Gegenden gar nicht, oder doch sehr selten angetroffen werden, von denen so er nach diesem Verzeichnis begehret, so viel ich doppelt besitze abfolgen lassen.

So bald sich die Anzahl der in der Schweiz aufs neue gefundenen, in diesem Verzeichnis nicht enthaltenen Insecten wieder um etwas wird vermehret haben, so werde ich dieselben entweder in einem Supplement zu diesem Verzeichnis, oder auf eine andere Art dem Publico bekannt machen. Zürich den 24 Febr. 1775.

Johann Caspar Sueßlin.

I. Claß der Insecten.

Coleoptera. Mit Flügeldecken, oder Käfer.

Scarabæus. Kolbenkäfer.

No.
1 Scarabæus Typhœus. Der Ochs. Lin. 9.
    Müller Naturhst. tab. 1. f. 5.
    Geof. tab. 1. f. 3.
    Frisch. tom. 4. tab. 8.
    Schæff. Ratisb. tab. 26. f. 4.
    Sehr selten bey Genf und Luggaris.

2 Scarab. lunaris. Das Einhorn. Lin. 10.
    Frisch. 4. t. 7. Roesel. 2. t. B. f. 2.
    Schæff. Ratisb. t. 63. f. 2, 3.
    ——— element. t. 3. f. 2.
    Sehr häufig auf den Feldern unter dem Pferde- und Kuhmist.

3 Scarab. cylindricus. Lin. 11.
    Sehr selten bey uns.

4 Scarab. nasicornis. Das Nashorn. Lin. 15.
    Frisch. 3. t. 3. Roesel Scarab. 1. t. 7.
    Bey Luggaris, Cleven.

5 Scarab. nuchicornis. Das Nackenhorn. Lin. 24.
    Roesel 2. Scarab. 1. t. A. f. 4.
    Schaeff. Ratisb. t. 73. f. 2-5.
    Sehr gemein unter dem Pferde- und Kuhmist.

No.
6 Scarab. Vacca. Das Kühlein. Lin. 25.
    Bey Genf. Gourgas.

7 Scarab. Taurus. Das Oechslein. Lin. 26.
    Schæff. Ratisb. t. 63. f. 4. ?
    ——— Scarab. 1758. t. 3. f. 7, 8.
    Schreber ins. 1. f. 6, 7.
    Sulz. Geschichte t. 1. f. 5.
    Ziemlich gemein bey Zürich auf den Viehweiden unter dem Pferde- und Kuhmist.

8 Scarab. subterraneus. Der Erdwühler. Lin. 28.
    Sulz. Kennz. t. 1. f. 2.
    Sehr selten bey uns.

9 Scarab. Fossor. Der Gräber. Lin. 31.
    Sehr selten bey uns.

10 Scarab. functarius. Mistkolbenkäfer. Lin. 32.
    Roesel. 2. t. A. f. 3. Frisch. 4. t. 19.
    Schæff. Ratisb. t. 26. f. 9.
    ——— 1758. t. 3. f. 17. 18. 19.
    Häufig auf den Viehweiden unter dem Pferde- und Kuhmist.

I. Claß der Insecten.

No.
11 Scarab. hæmorrhoidalis. Der Rothharsch. Lin. 33.
    Ziemlich gemein, wo der vorhergehende.
12 Scarab. conspurcatus.   Lin. 34.
    Schæff. Ratisb. t. 26. f. 8.
    Sehr selten bey uns.
13 Scarab. Schæfferi. Schäffers-Kolbenkäfer. L. 41.
    Schæff. 1758. t. 3. f. 20.
    ——— Ratisb. t. 3. f. 8.
    Bey Genf, Luggaris, im Wallis. Villentäfer.
* 14 Scarab. Geofroæ. Geofrois-Kolbenkäfer.
    Geof. 1. pag. 91. Copris. 9.
    Sulz. Gesch. t. 1. f. 7.
    Dieser Kolbenkäfer gleicht dem vorhergehenden; ganz schwarz, unterscheidet sich aber durch seine Grösse, und besonders, wie Geofroi auch angemerkt, daß seine Flügeldecken auf der äussern Seite eingebogen oder ausgeschnitten sind; dieser Ausschnitt aber durch eine Erhöhung des Hinterleibs an diesem Ort ausgefüllet wird.
    Man findet ihn bey Genf, Luggaris, im Wallis. Villentäfer.
15 Scarab. stercorarius. Dreckkolbenkäfer. Lin. 42.
    Frisch, 4. t. 6. Schæff. Ratisb. t. 23. f. 9.
    Sehr häufig in allen Arten von Mist: besonders aber auf den Viehweiden unter dem Pferdemist; daher er vermuthlich bey uns Roßkäfer genennt wird.
16 Scarab. vernalis.   Lin. 43.
    Sulz. Gesch. t. 1. f. 6.
    Diese in Sulz. abgebildete schöne, glänzende variiert von diesen Kolbenkäfer ward bey Luggaris gefunden. Sonst findet man ihn auch in Bündten bey Marschlinz. Dr. Amstein.
17 Scarab. Schreberi. Schräbers-Kolbenkäfer. Lin. 45.
    Schæff. Ratisb. t. 73. f. 6.
    Bey uns nicht selten im Pferde- und Kuhmist.

No.
18 Scarab. ovatus.   Lin. 46.
    Nicht selten im Kuhmist.
19 Scarab. fabulosus. Sandwühler.   Lin. 48.
    Etwas selten in sandichten Gegenden.
20 Scarab. Fullo. Der Tieger.   Lin. 57.
    Frisch. 11. t. 1. Roes. 4. t. 30. } Juliuskäfer.
    Müller. Naturf. t. 2. f. 6. 7.
    Schæff. Ratisb. t. 23. f. 2.
    Bey Genf; Gourgas. Bey Luggaris. Schinz.
21 Scarab. Agricola.   Lin. 21.
    Auf dem Lägerberg im Canton Zürich; auf der Saleva bey Genf.
22 Scarab. Horticola. Der Nager.   Lin. 59.
    Müller Naturf. t. 2. f. 5.
    Schæff. Ratisb. t. 23. f. 4.
    Fast auf allen Bäumen und Stauden, deren Blätter und Blüthen er durchnagt und zerkerbt.
* 23 Scarab. Scopoli. Scopolis-Kolbenkäfer.
    Scop. carn. 4. Sulz. Gesch. t. 1. f. 11.
    In der Schweiz nicht selten. Es giebt auch dunkelblaue; vielleicht ein Unterscheid des Geschlechts?
24 Scarab. Melolontha. Maykolbenkäfer.   Lin. 60.
    Roesel 2. Scarab. 1. t. 1.
    Sulz. Kennz. t. 1. f. 3.
    Schæff. Ratisb. t. 93. f. 1, 2.
    ——— elem. t. 8. f. 3. & tab. 109. f. 4.
    Ein unter dem Namen Laubkäfer bey uns gemeinsam bekanntes, höchstschädliches Insect.
25 Scarab. solstitialis.   Lin. 61.
    Frisch. 9. t. 15.
    Nicht selten in der Schweiz. Vulgo der kleine Laubkäfer.
26 Scarab. hemipterus. Stachelkolbenkäfer. Lin. 63.
    Ziemlich selten bey uns. Das Weibchen hat einen hervorstehenden Stachel.

Nota. Die mit einem * bezeichneten finde ich bey Linnäo nicht beschrieben.

Coleoptera. **Mit Flügeldecken, oder Käfer.**

27 Scarab. farinosus. Puderkolbenkäfer. Lin. 64.
Häufig in den Blüthen der Bäumen, Stauden, besonders der Rose. Der grünlichte, glänzende Staub womit er ganz bedeckt ist, wischt sich nach und nach ab, so daß er oft ganz braun, oder ungepudert erscheint.

* 28 Scarab. Philanthus. Blumenfreund.
Sulz. Gesch. t. 1. f. 8.
Hirschbraun, wie mit Silber bestreut; mit einem Schildchen; die ungewöhnlich langen Hinterfüße haben nur eine Klaue.
In den Blumen; selten.

29 Scarab. hirtellus. Das Bärlein. Lin. 69.
Sehr gemein auf den Rosen und andern Blüthen.

30 Scarab. fasciatus. Der Livereyträger. Lin. 70.
Müller Naturf. t. 2. f. 8.
Schæff. Ratisb. t. 1. f. 4.
Drury exot. 1. t. 36. f. 2.
Sehr gemein in den Blumen.

31 Scarab. Eremita. Der Eremit. Lin. 74.
Roesel 2. Scarab. 1. t. 3. f. 6.
Schæff. Ratisb. t. 26. f. 1.
Bey Genf. Gourgas.

32 Scarab. auratus. Goldkolbenkäfer. Lin. 78.
Frisch. 12. t. 1.
Roesel 2. Scarab. 1. t. 2. f. 8. 9.
Schæff. Ratisb. t. 26. f. 3. & 50. f. 8. 9. ?
Auf den Blumen sehr gemein.

33 Scarab. variabilis. Lin. 79.
Scop. carn. 7. Schæff. Ratisb. t. 198. f. 8.
Bey Genf, im Wallis und Veltlein — ziemlich gemein auf den Blüthen der Schirmtragenden Pflanzen. (Plant. umbellif.) Das Weibchen ist kaum etwas grösser als das Männchen.

34 Scarab. nobilis. Edelkolbenkäfer. Lin. 81.
Roesel 2. Scarab. 1. t. 3. f. 3, 4, 5.
Auf den Blumen; nicht selten.

* 35 Scarab. Sulzeri. Sulzerskolbenkäfer.
Sulz. Gesch. t. 1. f. 9.
In Bündten, auch bey Zürich; sehr selten. Röthlicht, spielend wie Seide; ein kleines Schildchen; gefurchte Flügeldecken; gewölbter, eyrunder Leib; dünne Beine.

36 Scarab. rufipes. Der Rothfuß. Lin. 86.
Bey Zürich ziemlich gemein in Pferde- und Kuhmist.

37 Scarab. marginatus. Schwarzrand.
Geof. 1. p. 80. n. 15.
Dieser Kolbenkäfer gleicht der grösse und dem ersten Anblick nach einem Blattkäfer. Er ist ganz schwarz, ausser die Flügeldecken, die Saffranfärbig mit einem schwarzen Rand.

* 38 Scarab. cordiger. Herzträger.
So groß als ein Reiskorn; schwarz; gelbe Flügeldecken; mitten auf denselben Nath ein herzförmiger, schwarzer Fleck, welcher sich in zwey theilt, wann die Flügeldecken geöfnet werden.
Nur einmal bey Zürich gefunden.

Lucanus. Kammkäfer.

39 Lucanus Cervus. Der Hirsch. Lin. 1.
Roesel 2. Scarab. 1. t. 5.
Schæff. elem. t. 9. f. 1 fœm.
——— Ratisb. t. 133. f. 1. 2.
In der Schweiz ziemlich gemein, besonders auf den Kirschbäumen. Bey uns nennt man ihn Schröter, Schrötel, Holzschröter.

* 40 Lucan. Capreolus. Das Rehböcklein. Lin. 2?
Sulz. Gesch. t. 2. f. 1.
Dieser Kammkäfer ist halb so groß als der vorhergehende; der Korfschild ist auf den Seiten abgerundet, nur vorne gesäumt, gar nicht ausgebogen oder von ungleichen Erhöhungen; die

I. Claß der Insecten.

Kiefern endigen sich wie beym ersten in zwey ungleiche Zinken; der Zahn in der Mitte hat verschiedene Spitzen.

41 Lucan. parallelipipedus. Der Schwarze. Lin. 6.
  Schæff. elem. t. 101. f. 1.
  ――― Ratisb. t. 63. f. 7.
  Nicht selten bey uns, im faulen Holz.
42 Lucan. caraboides. Der Blaue. Lin. 7.
  Schæff. Ratisb. t. 6. f. 8.
  Auf Blumen; selten.

Dermestes. Schabkäfer.

43 Dermestes lardarius. Der Vielfraß. Lin. 1.
  Frisch. 5. t. 9.
  Schæff. Ratisb. t. 42. f. 3.
  Häufig in Speisskammern, im Speck, Brodt, Käß. ꝛc.
44 Dermest. undatus. Lin. 3.
  Schæff. Ratisb. t. 157. f. 7. a. 7. b.
  Nur einmal zu Zürich gefunden.
45 Dermest. Pellio. Der Kürzchner. Lin. 4.
  Frisch. 5. t. 8. Sulz. Kennz. t. 2. f. 5, 6, 7.
  Sehr gemein in den Häusern unter alten Brodtkrumen ꝛc. auch sehr häufig auf den Blüthen der schirmtragenden Pflanzen. Vulgo: Brodtkäfer.
*46 Dermest. 4punctatus. Vierpunct.
  Sulz. Gesch. t. 2. f. 3.
  Er ist schwarz; auf dem Brustschild mit zwey, und auf jedem Flügeldeckel mit vier weissen Puncten der Länge nach gezeichnet. Sehr selten.
47 Dermest. Capucinus. Der Capuciner. Lin. 5.
  Geof. 1. tab. 5. f. 1. Schæff. elem. t. 28.
  Sulz. Gesch. t. 2. f. 5. b.
  Bey uns selten.
48 Dermest. Typographus. Der Buchdrucker. Lin. 7.
  Sulz. Gesch. t. 2. f. 4. a.
  Ziemlich gemein unter der Baumrinde.

49 Dermest. Calcographus. Der Kupferstecher. Lin. 8.
  Unter der Rinde der Bäume, gemein.
50 Dermest. Micrographus. Der Kleinschreiber. Lin. 9.
  Wo der vorhergehende.
51 Dermest. Poligraphus. Der Geschwindschreib. L. 10.
  Wo die vorhergehenden.
52 Dermest. Piniperda. Der Kiehnbohrer. Lin. 11.
  Unter der Rinde der Tannen und Fichten, von wo er sich oft in das Holz selbst einbohret.
53 Dermest. domesticus. Hausschabkäfer. Lin. 12.
  Geof. 1. tab. 1. f. 6.
  Nicht selten in den Häusern.
54 Dermest. violaceus. Der Blaue. Lin. 13.
  In den Häusern und auf den Schirmtragenden Pflanzen sehr gemein.
55 Dermest. fenestralis. Der Fenstergucker. Lin. 15.
  Bey den Fenstern herum nicht selten.
56 Dermest. paniceus. Brodfresser. Lin. 19.
  In den Brodtschränken ꝛc. gemein.
57 Dermest. fumatus. Mistschabkäfer. Lin. 22.
  Im Pferdemist gemein.
58 Dermest. pedicularius. Stutzschabkäfer. Lin. 23.
  In den Blüthen vieler Pflanzen, gemein.
59 Dermest. pulicarius. Der Springer. Lin. 24.
  Wo der vorhergehende.

Ptinus. Bohrkäfer.

60 Ptinus pectinicornis. Der Federkamm. Lin. 1.
  Sulz. Gesch. t. 2. f. 6.
  Bey uns sehr selten.
61 Ptinus pertinax. Lin. 2.
  In den Häusern sehr gemein.
62 Ptinus mollis. Der Weichschild. Lin. 3.
  Unter der Rinde der Tannen und Fichten ziemlich gemein.
63 Ptinus imperialis. Kaiserlicher. Lin. 4.
  Sulz. Gesch. t. 2. f. 7.
  Bey Bern.

Coleoptera. **Mit Flügeldecken, oder Käfer.**

No.
64 Ptinus Fur. Der Dieb. Lin. 5.
   Geof. 1. t. 2. f. 6.
   Sulz. Gesch. t. 2. f. 8.
   Sehr gemein, den ausgestopften Vögeln und ausgetrokneten Pflanzen rc. sehr schädlich.

Cistela. Fugentäferchen.

* 65 Cistela ornata. Das Gezierte.
   Sulz. Gesch. t. 2. f. 12.
   Dieses seltene Fugentäferchen ward ziemlich hoch, an einem felsichten dürren Ort, auf der Seite des Kalanda-Bergs in Bündten von Dr. Amstein gefunden.
* 66 Cistela Forsteri. Forsters-Fugentäferchen.
   Forst. nov. spec. Ins. 1. p. 12.
   Geof. 1. p. 116. t. 1. f. 8.
   Schæff. Ratisb. t. 95. f. 3.
   Im sandichten, trocknen Boden nicht gar selten.
* 67 Cistela Geofroæ. Geofrois-Fugentäferchen.
   Geof. 1. p. 116. n. 2.
   Forst. nov. spec. p. 13.
   An gleichen Oertern, aber etwas selten.

Hister. Stutzkäfer.

* 68 Hister planus. Der Platte.
   Sulz. Gesch. t. 2. f. 9.
   Diesen merkwürdigen Stutzkäfer hat Herr Dr. Amstein in Bündten, zwischen der Rinde eines schon lange gelegenen Pappelbaums (Populus nigra) gefunden.
69 Hister unicolor. Einfarbigter. Lin. 3.
   Sulz. Kennz. t. 2. f. 8, 9.
   Geof. 1. t. 1. f. 4.
   Im Pferde- und Kuhmist ziemlich gemein.
70 Hister Pygmæus. Das Zwerglein. Lin. 4.
   Schæff. Ratisb. t. 42. f. 10.
   Wo der vorhergehende; nicht selten.

No.
71 Hister bimaculatus. Der Zweifleck. Lin. 5.
   Wo die vorhergehenden, nicht selten.
72 Hister 4 maculatus. Der Vierfleck. Lin. 6.
   Schæff. Ratisb. t. 3. f. 9.
   ——— elem. t. 24. f. 2.
   Wo die vorhergehenden; gemein.

Gyrinus. Taumelkäfer.

73 Gyrinus Natator. Der Schwimmer. Lin. 1.
   Sulz. Kennz. t. 6. f. 43.
   ——— Gesch. t. 2. f. 10.
   Schæff. elem. t. 67.
   In stillstehenden Wassern; sehr gemein.

Byrrhus. Knollkäferchen.

74 Byrrh. Scrophulariæ. Der Braunwurznager. L. 1.
   Sulz. Gesch. t. 2. f. 11.
   Schæff. elem. t. 17.
   Häufig auf der Braunwurz (Scrophul.)
75 Byrrhus Muscorum. Lin. 2.
   In den Häusern; nicht selten.
76 Byrrhus Verbasci. Der Wollkrautnager. Lin. 3.
   Auf dem Wollkraut (Verbasc.)

Silpha. Aaskäfer.

77 Silpha germanica. Lin. 1.
   Sulz. Kennz. t. 2. f. 10.
   Im Aas; bey uns sehr selten.
78 Silpha Vespillo. Todtengräber. Lin. 2.
   Sulz. Kennz. t. 2. f. 11.
   Schæff. Ratisb. t. 9. f. 4.
   Frisch. 12. t. 3. f. 2.
   Roesel. 4. t. 1.
   Geof. 1. tab. 1. f. 6.
   Im Aas sehr gemein.
79 Silpha Seminulum. Das Samenkorn. Lin. 8.
   Im faulen Holz.

I. Claß der Insecten.

No.
*80 Silpha clavipes. Der Keulschentel.
   Sulz. Geſch. t. 2. f. 14.
   Dieſer Aaskäfer, der gröſte von allen die in der Schweiz gefunden werden, iſt ganz ſchwarz; die Fühlhörner vorne roſifärbig; das hinterſte paar Schentel, die ungewöhnlich dick und gebogen ſind, haben einen Zahn.
   Im Aas im Züricherberg. Schultheß.
81 Silpha littoralis. Strandaaskäfer. Lin. 11.
   Friſch. 6. tab. 5.
   Im Aas, etwas ſelten.
82 Silpha atrata. Lin. 12.
   Schæff. Ratisb. tab. 93. f. 5.
   Wo der vorhergehende; nicht ſelten.
83 Silpha thoracica. Rothbruſt. Lin. 13.
   Schæff. Ratisb. t. 75. f. 4.
   Sulz. Kennz. t. 2. f. 12.
   Im Aas, Menſchenkoth und anderm Unrath, ziemlich gemein.
84 Silpha quadripunctata. Vierpunct. Lin. 14.
   Schreb. inſ. 1. f. 5.
   Im wärmern Theil der Schweiz.
85 Silpha opaca. Der braune. Lin. 15.
   Schæff. Ratisb. t. 93. f. 6.
   Nicht ſelten im Pferdemiſt.
86 Silpha rugosa. Der Runzlichte. Lin. 16.
   Bey uns etwas ſelten.
87 Silpha ſabulosa. Der Sandgräber. Lin. 17.
   Nicht ſelten auf trokner, ſandichter Erde.
88 Silpha obſcura. Lin 18.
   Bey uns ſelten.
*89 Silpha appendiculata. Deckelſchwanz.
   Sulz. Geſch. t. 2. f. 15.
   Geof. 1. p. 120. n. 4. ?
   In Bündten und Walliß im Aas.
*90 Silpha polita. Der Glatte.
   Sulz. Geſch. t. 2. f. 16.
   Geof. 1. p. 122. n. 8.

No.
   An feuchten Orten im faulen Holz.
91 Silpha aquatica. Der Schwimmer. Lin. 25.
   In Bündten. Dr. Amſtein.
92 Silpha ſuccincta. Der Gürtelträger. Lin. 26.
   In Bündten. D. Amſtein.
*93 Silpha Flavifrons. Gelbkopf.
   Schæff. elem. t. 18.
   Geof. 1. tab. 5. f. 2.
   Sulz. Geſch. t. 2. f. 17.
   Dieſen Käfer habe ich ſehr oft in hartem, ſchon lange gelegenem Buchholz, unter deſſelben Rinde, niemals aber auf Blumen angetroffen.

Caſſida. Schildkäfer.

94 Caſſida viridis. Der Grüne. Lin. 1.
   Roeſel 2. ſcar. 3. p. 13. t. 6.
   Schæff. Ratisb. t. 27. f. 5.
   —— elem. t. 35.
   Auf allen Arten von Diſteln bey uns gemein.

Coccinella. Halbkugelkäferchen.

95 Coccinella impunctata. Das Ungefleckte. Lin. 4.
   In Bündten. Dr. Amſtein.
96 Coccinella 2-punctata. Zweypunct. Lin. 7.
   Sulz. Geſch. t. 3. f. 3.
   Schæff. Ratisb. t. 9. f. 9.
   Friſch. 9. t. 9. f. 4.
   Auf verſchiedenen Pflanzen ſehr gemein.
97 Coccinella 3-punctata. Dreypunct. Lin. 8.
   Sehr ſelten bey uns.
98 Coccinella 5-punctata. Fünfpunct. Lin. 11.
   Schæff. Ratisb. t. 9. f. 8.
   Ziemlich gemein, auf verſchiedenen Pflanzen.
99 Coccinella 7-punctata. Siebenpunct. Lin. 15.
   Schæff. Ratisb. t. 9. f. 7.
   Friſch. 4. t. 1. f. 4.
   Roeſel. 2. ſcar. 3. tab. 2.
   Sulz. Kennz. tab. 3. f. 13.

Coleoptera. **Mit Flügeldecken, oder Käfer.**

No.		
	Sehr gemein besonders auf Pflanzen die mit Blattläusen besetzt sind.	
100	Coccinella 9-punctata. Neunpunct.	L. 16.
	Auf verschiedenen Pflanzen.	
101	Coccinella 10-punctata. Zehnpunct.	L. 17.
	Auf den Weiden (Salicibus.)	
102	Coccinella 11-punctata. Eilfpunct.	L. 18.
	Nicht selten auf verschiedenen Pflanzen.	
103	Coccinella 13-punctata. Dreyzehnpunct.	L. 20.
	Etwas selten auf Birken und Weiden.	
104	Coccinella 14-punctata. Vierzehnpunct.	L. 21.
	Schæff. Ratisb. t. 62. f. 6.	
	Auf verschiedenen Pflanzen.	
105	Coccinella 16-punctata. Sechzehnpunct.	L. 22.
	Bey uns selten.	
106	Coccinella 19-punctata. Neunzehnpunct.	L. 25.
	Auf den Disteln, etwas selten.	
107	Coccinella 22-punctata. 22punct.	Lin. 26.
	Auf den Birken und Pappeln, selten.	
108	Coccinella 23-punctata. 23punct.	Lin. 27.
	In Bündten. Dr. Amstein.	
109	Coccinella 24-punctata. 24punct.	Lin. 28.
	In Bündten. Dr. Amstein.	
110	Coccinella conglobata.	Lin. 30.
	Frisch. 9. tab. 17. f. 6.?	
	In Bündten. Dr. Amstein.	
111	Coccinella conglomerata.	Lin. 31.
	Frisch. 9. tab. 17. f. 4, 5.	
	Ziemlich gemein, auf verschiedenen Pflanzen.	
112	Coccinella 10-guttata. Zehntropf.	Lin. 33.
	Sehr selten.	
113	Coccinella 14-guttata. Vierzehntropf.	Lin. 34.
	Schæff. Ratisb. t. 9. f. 11.	
	Auf Weiden (Salic.)	
114	Coccinella 16-guttata. Sechzehntropf.	Lin. 35.
	Sulz. Gesch. t. 3. f. 5. b.	
	Auf Disteln und Nesseln.	
115	Coccinella oblongoguttata. Langtropf.	Lin. 38.
	Sulz. Kennz. t. 3. f. 14.	
	Sehr selten bey uns.	
116	Coccinella 2-pustulata. Zweyfleck.	Lin. 42.
	Frisch. 9. t. 16. f. 6.	
	Roesel 2. scar. 3. t. 3.	
	Auf Nesseln, Disteln ziemlich gemein.	
117	Coccinella 4-pustulata. Vierfleck.	Lin. 43.
	Schæff. Ratisb. t. 30. f. 16, 17.	
	Auf Disteln nicht selten.	
118	Coccinella 6-pustulata. Sechsfleck.	Lin. 44.
	Schæff. Ratisb. t. 30. f. 12.	
	Auf Nesseln und Disteln nicht selten.	
*119	Coccinella 8-pustulata. Achtfleck.	
	Sulz. Gesch. t. 3. f. 6.	
	Vielleicht ist dieses Halbkugelkäferchen nur eine Abänderung von den vorhergehenden oder folgenden.	
120	Coccinella 10-pustulata. Zehnfleck.	Lin. 45.
	Schæff. Ratisb. t. 30. f. 10.	
	Auf Birken und Weiden, nicht selten.	

Chrysomela. **Blattkäfer.**

121	Chrys. gœttingensis. Bey der Schaafgarbe.	L. 4.
	Roes. 2. scarab. 3. t. 5.	
	Ziemlich gemein in den Wiesen auf der Schaafgarbe (Millefol.)	
122	Chrys. Tanaceti. Bey dem Reinfarrenkraut.	L. 5.
	Geoffr. 1. tab. 4. f. 6.	
	Auf dem Reinfarrenkraut. (Tanacet.)	
123	Chrysomela Graminis.	Lin. 7.
	In den Wiesen auf den Schmalgräsern.	
124	Chrysomela aenea. Kupfrigter.	Lin. 8.
	Auf der Erle. (Alno.)	
125	Chrysomela Alni. Erlenblattkäfer.	Lin. 9.
	Frisch. 7. tab. 8.	
	Häufig auf der Erle.	

I. Claß der Insecten.

126 Chrysomela Betulæ. Birkenblattkäfer. Lin. 10.
Häufig auf der Birke. (Betula alba.)

127 Chrysomela haemoptera. Lin. 11.
Auf der Krauseminze (Mentha) sehr gemein.

128 Chrysomela cerealis. Lin. 17.
Schæff. Ratisb. t. 1. f. 3.
Auf jungen Fichtenbäumen, und zu weilen in Saatfeldern.

129 Chrysomela fastuosa. Der Blaustrich. Lin. 18.
Nicht gar selten auf verschiedenen Kräutern.

130 Chrysomela Hypochæridis. Lin. 21.
In Bündten. Dr. Amstein.

131 Chrysomela vulgatissima. Lin. 22.
Der gemeine Blattkäfer.

*132 Chrysomela riparia. Scop. carn. 223
In Bündten. Dr. Amstein.

*133 Chrysomela erratica. Scop. carn. 226
In Bündten Dr. Amstein.

134 Chrysomela vitellinae. Weidenblattkäfer. L. 23.
Roesel. 2. scar. 3. t. 1.
Auf den Bandweiden (Salicibus glabris) und Pappelweiden sehr gemein.

135 Chrysomela Polygoni. Lin. 24.
Auf dem Flöhkraut, Sauerampfer und andern Pflanzen ziemlich gemein.

136 Chrysomela pallida. Lin. 25.
Bey Genf Gourgas.

137 Chrysom. Staphilæa. Das Bimpernöschen. L. 26.
Nicht selten, auf verschiedenen Pflanzen.

138 Chrysomela polita. Lin. 27.
Bey uns etwas selten.

139 Chrysomela lurida. Lin. 28.
Bey uns sehr selten.

140 Chrysomela Populi. Pappelblattkäfer. Lin. 30.
Schæff. Ratisb. t. 47. f. 4, 5.
Sehr gemein auf der Zitterpappel.

141 Chrysomela viminalis. Der Weidenbinder. L. 31.
Auf den Weiden, etwas selten.

142 Chrysomela 10-punctata. Der 10.punct. L. 32.
Schæff. Ratisb. t. 21. f. 13.
Sehr gemein auf der Zitterpappel.

143 Chrysomela Boleti. Herrkäfer. Lin. 36.
Schæff. elem. t. 58.
——— Ratisb. t. 77. f. 6.
Geoffr. 1. t. 6. f. 3.
Sulz. Gesch. t. 3. f. 9.
In Bündten. Dr. Amstein. Bey Genf. Gourgas.

144 Chrysomela sanguinolenta. Lin. 38.
Schæff. Ratisb. t. 21. f. 15.
Geoff. 1. t. 4. f. 7.
Auf den Weiden (Salic.) nicht selten.

145 Chrysomela marginata. Der Gesäumte. L. 39.
Sulz. Gesch. t. 3. f. 10.
Auf verschiedenen Pflanzen, nicht selten.

146 Chrysomela oleracea. Der Gartenhüpfer. L. 51.
In den Gärten auf den jungen Pflanzen sehr gemein. Vulgo Erdfloh.

147 Chrysomela erythrocephala. Rothkopf. Lin. 56.
Bey uns etwas selten.

148 Chrysom. Modeeri. Modeers-Blattkäfer. L. 57.
Nicht selten auf verschiedenen Pflanzen.

149 Chrysomela Helxines. Lin. 58.
Sulz. Kennz. t. 3. f. 17.
Auf den Buchweizen und andern Pflanzen nicht selten.

150 Chrysomela exsoleta. Lin. 59.
Auf den Disteln sehr gemein.

151 Chrysomela nitidula. Lin. 60.
Schæff. Ratisb. t. 87. f. 5.
In Bündten Dr. Amstein.

152 Chrysomela Nemorum. Waldblattkäfer. L. 62.
vide t. 3. f. 10.
Sulz Gesch. t. 3. f. 11.
In waldichten Gegenden auf verschieden Schatten liebenden Pflanzen.

Coleoptera. **Mit Flügeldecken, oder Käfer.**

153 Chrysomela rufipes. Rothfuß. Lin. 63.
Im Jahr 1771. war dieser Blattkäfer den Pappel artigen Pflanzen (Plant. malvac.) in unserm hiesigen botanischen Garten sehr schädlich, indem er in grosser Menge sich auf denselben aufhielt und sie fast überall zernagte. Man findet ihn auch in Bündten. Dr. Amstein.

154 Chrysomela holsatica. Rothpunct. Lin. 67.
Ziemlich gemein auf vielen Pflanzen.

155 Chrysomela aurita. Gelbohr. Lin. 75.
In Bündten. Dr. Amstein.

156 Chrysomela 4-punctata. Vierpunct. Lin. 76.
Schaeff. Ratisb. t. 6. f. 1. 2. 3.
Geoffr. 1. t. 3. f. 4.
Bey uns etwas selten.

157 Chrysomela 4-maculata. Viersleck. Lin. 77.
Schaeff. Ratisb. t. 6. f. 6. 7.
Bey Bern.

158 Chrysomela 2-punctata. Zweypunct. L. 78.
Bey Zürich; sehr selten.

159 Chrysomela Moraei. Moräi-Blattkäfer. L. 82.
Schaeff. Ratisb. t. 30. f. 5.
Nicht selten auf verschieden Pflanzen.

160 Chrysomela nitens. Lin. 84.
In Bündten. Dr. Amstein.

161 Chrysomela sericea. Lin. 86.
Auf Birken, Pappeln, Weiden.

162 Chrysomela Coryli. Haselblattkäfer. Lin. 88.
In Bündten. Dr. Amstein.

163 Chrysomela 6-punctata. Sechspunct. L. 92.
Sulz. Kennz. t. 3. f. 18.
Schaeff. Ratisb. t. 30. f. 1. 3.
Nicht selten bey uns.

164 Chrysomela longimana. Langarm. Lin. 95.
Bey uns selten.

165 Chrysomela merdigera. Lilienblattkäfer. L. 97.
Sulz. Gesch. t. 3. t. 14.
Schaeff. elem. t. 52.
Auf den weißen Lilien sehr gemein.

166 Chrysomela Nymphææ. Der Faulenzer. L. 99.
Auf den Seeblumen, (Nymphæis.) sehr gemein.

167 Chrysomela melanopus. Lin. 105.
Sulz. Gesch. t. 3. f. 19.
Bey uns selten.

168 Chrysomela flavipes. Der Gelbschenkel L. 106.
Bey uns nicht selten. Ich fand das Männchen immer mit gelben Flügeldecken.

169 Chrysomela 12-punctata. Zwölfpunct. L. 110.
Schaeff. Ratisb. t. 4. f. 5.
Geoffr. 1. t. 4. f. 5.
Bey uns etwas selten.

170 Chrysomela Phellandrii. Lin. 111.
In Bündten. Dr. Amstein.

171 Chrysomela Asparagi. Spargelblattkäfer. L. 112.
Frisch. 1. tab. 6.
Sehr gemein auf dem Spargel.

172 Chrysomela hirta. Haarichter Blattkäfer. L. 119.
In Walliß ziemlich gemein auf Blumen.

*173 Chrysomela Luperus. Fadenblattkäfer.
Schaeff. elem. t. 80.
Sulz. Gesch. t. 3. f. 15. c.
Nicht selten auf Blumen.

Hispa. **Stachelkäfer.**

174 Hispa atra. Schwarzer. L. 1.
Ward nur einmal im Frühjahr in Bündten gefunden. Dr. Amstein.

Bruchus. **Musselkäfer.**

175 Bruchus Pisi. Erbsenfresser. Lin. 1.
Geoffr. 1. t. 4. f. 9.
Auf der Erbsensaat, aber sehr selten.

*176 Bruchus 2-punctatus. Zweypunct.
Sulzers Gesch. t. 4. t. 2. a.

I. Claß der Insecten.

No.	
	In Bündten Dr. Amstein.
177	Bruchus granarius. Kornfresser. Lin. 5.
	In Bündten Dr. Amstein.

Curculio.   Rüsselkäfer.

178 Curculio Alliariæ. Rüsselkäf. des Knoblauchte. L. 4.
   Auf dem Knoblauchskraut (Alliar.) gemein.
179 Curculio Cerasi.   Kirsch-Rüsselkäfer.   Lin. 11.
   Auf den Kirschbäumen, deren Blätter der Wurm frißt.
180 Curculio acridulus.   Lin. 13.
   Auf dem wilden Senf (Sinapis) nicht selten.
181 Curculio purpureus.   Der Purpurfarbige.   L. 14.
   Bey uns selten.
182 Curculio frumentarius.   Getraidereuter.   Lin. 15.
   In allen Arten von Getraide.
183 Curculio granarius.   Kornreuter.   Lin. 16.
   Im alten, schon lange aufbehaltenen Getraide, oft sehr häufig und schädlich.
   Vide S. Geßneri Diſſertat. de Annonis conſervand.
184 Curculio Pini.   Fichten-Rüsselkäfer.   Lin. 19.
   Schæff. Ratisb. t. 25. f. 7.
   Unter der Rinde der Fichtenbäume nicht selten.
185 Curc. Lapathi.   Sauerampfer-Rüsselkäfer.   L. 20.
   Auf dem Sauerampfer, etwas selten.
186 Curculio pericarpius.   Der Kernwächter.   L. 31.
   In den Fruchthülsen der Braunwurz.
187 Curculio paraplecticus.   Der Lähmer.   Lin. 33.
   Sulz. Gesch. t. 4. f. 7.
   Wohnt auf dem Wasserschierling, oder Pferde-samenkraut (Phellandr.)
188 Curculio anguinus.   Die Schlange.   L'n. 34.
   Bey uns sehr selten.
189 Curculio Bacchus.   Der Bacchus.   Lin. 38.
   Sulz. Gesch. t. 4. f. 4.
   Schæff. Ratisb. t. 37. f. 13.
   Auf der Weinrebe nicht selten.

No.

190 Curculio Betulæ.   Der Birkenfeeund.   Lin. 39.
   Sulz. Gesch. t. 4. f. 3.
   Schæff. Ratisb. t. 6. f. 4.
   Auf den Birken, nicht selten.
191 Curculio Alni.   Der Schwarzpunct.   L. 42.
   Auf den Birken, Erlen und Ulmen nicht selten.
192 Curculio Salicis.   Weiden-Rüsselkäfer.   L. 43.
   Auf den Weiden (Scalicib.)
193 Curculio Fagi.   Buchrüsselkäfer.   Lin. 44.
   In Buchwäldern nicht selten.
194 Curculio segetis.   Saatrüsselkäfer.   Lin. 45.
   In Saatfeldern nicht selten.
195 Curculio Pomorum.   Der Apfelbohrer.   L. 46.
   Frisch. 1. t. 8.
   Auf Apfelbäumen, deren Blüthe er durchbohret, und sie abfallen macht.
196 Curculio carbonarius.   Der Kohler.   Lin. 48.
   Bey uns sehr selten.
197 Curculio colon.   Der Weißpunct.
   Lin. Mantiſſ. altera.
   Schæff. Ratisb. t. 155. f. 2.
   Bey Glaris auf den Weiden sehr gemein; auch bey Genf.   Gourgas.
198 Curculio Abietis.   Tannenrüsselkäfer.   Lin. 57.
   Schæff. Ratisb. t. 25. f. 1.
   Unter der Rinde der Tannen und Fichten.
199 Curculio Germanus.   Der gelbpunctierte.   L. 58.
   Schæff. Ratisb. t. 25. f. 2.
   Sulz. Gesch. t. 4. f. 8.
   Bey Zürich, Genf, im Walliß und Bettlein auf der Erde.   Auch bey Bern.   Wyttenbach.
200 Curculio Nucum.   Der Nußbohrer.   Lin. 59.
   Schæff. Ratisb. t. 50. f. 4.
   Sulz. Kennz. t. 3. f. 22.
   Roesel 3. t. 67. f. 5. 6.
   Sehr gemein in den Haselnüssen.
201 Curculio Scrophulariæ.   Braunwurznager.   L. 61.

Coleoptera. **Mit Flügeldecken, oder Käfer.**

Auf der Braunwurz; sehr häufig; auch auf den Wollkraut.
203 Cruculio Druparum. Der Kernbohrer. L. 62.
  Sulz. Kennz. t. 3. f. 21.
  Schæff. Ratisb. t. 1. f. 11.
  In Kirsch- und Pflaumkernen ꝛc.
204 Curculio violaceus. Der Kienbohrer. L. 63.
  Auf den Fichten und Kienbäumen, in deren junge Aeschen sich die Raupe tief einbohret.
205 Curculio Ligustici. Lin. 68.
  Schæff. Ratisb. t. 2. f. 12.
  Ich habe diesen Rüsselkäfer häufig auf dem Klee gefunden.
206 Curculio Pyri. Lin. 72.
  Sulz. Kennz. t. 3. f. 23 ?
  Bey uns nicht selten auf verschiedenen Pflanzen.
207 Curculio argentaeus. Silberrüsselkäfer. L. 73.
  Sulz. Gesch. t. 4. f. 9.
  Ziemlich gemein auf vielen Pflanzen.
209 Curculio viridis. Der Grünling. Lin. 76.
  Sulz. Kennz. t. 3. f. 24.
  Schæff. Ratisb. t. 53. f. 6.
  Gemein auf Weiden, Pappeln, der Birke ꝛc.
210 Curculio lineatus. Der Bruststrich. Lin. 80.
  Bey uns etwas selten.
211 Curculio incanus. Der Stumpfdeckel. L. 81.
  Bey uns sehr selten.
212 Curculio rufipes. Der Rothfuß. Lin. 33.
  Auf Birken nicht selten.
213 Curculus nebulosus. Lin. 84.
  Frisch. 11. t. 23. f. 3.
  Schæff. Ratisb. t. 25. f. 3.
  Auf Weiden und Pappeln, aber ziemlich selten.
214 Curculio sulcirostris. Die Rinnennase. L. 85.
  Bey Zürich; auch in Bündten. Dr. Amstein.
215 Curculio ater. Lin. 86.
  Bey uns selten.
* 216 Curculio Populi. Scop. carn. 74.

In Bündten. Dr. Amstein.
* 217 Curculio Zoilus. Scop. carn. 103.
  In Bündten. Dr. Amstein.
* 218 Curculio cordiger. Herzfleck.
  Sulz. Geschichte t. 4. f. 11.
  Bey uns selten.

Attelabus. **Affterrüsselkäfer.**

219 Attelabus Coryli. Der Rollenwickler. Lin. 1.
  Sulz. Kennz. t. 4. f. 25.
  Wohnt auf den Haselstauden, deren Blätter die Larve in Rollen zusammen wikelt.
220 Attelabus Avellanae. Der Nußbeisser. Lin. 2.
  Schæff. Ratisb. t. 56. f. 5. 6.
  Auf den Haselstauden; bey uns etwas selten.
221 Attelabus Curculionoides. Der Zwergbastard. L. 3.
  Schæff. Ratisb. t. 75. f. 8.
  Sulz. Gesch. t. 4. f. 12.
  Auf Haselstauden; etwas selten.
* 222 Attelabus.
  Sulz. Gesch. t. 4. f. 13. b.
  Dieser Affterrüsselkäfer hat viele Gleichheit mit dem folgenden, ist aber viel kleiner, schwarz, haaricht; die Flügeldecken sind anfangs roth, hernach schwarz, denn etwas über die Mitte ein weisses Band, dann wieder schwarz.
  In Bündten. Dr. Amstein.
223 Attelabus formicarius. Der Jäger. Lin. 8.
  Schæff. Ratisb. t. 186. f. 1.
  Sulz. Kennz. t. 4. f. a.
  Bey uns etwas selten.
224 Attelabus apiarius. Der Bienenfresser. L. 10.
  Sulz. Kennz. t. 4. f. 6.
  ——— Gesch. f. 4. f 14.
  Schæff. Ratisb. t. 48. f. 11.
  ——— elem. t. 46.
  Bey uns auf den Blumen sehr gemein.

I. Claß der Insecten.

Cerambyx. Bokkäfer.

225 Cerambyx Coriarius. Der Gerwer.   Lin. 7.
    Schaeff. Ratisb. t. 67. f. 3.
    ——— elem. t. 103.
    Frisch. 13. t. 9.
    Sulz. Kennz. t. 4. f. 26.
    Roesel 2. scar. 2. t. 1. f. 1. 2.
    Im faulen Holz; etwas selten.

226 Cerambyx nebulosus.   Lin. 29.
    Sulz. Kennz. t. 4. f. c.
    Bey uns etwas selten.

227 Cerambyx moschatus. Der Bisambokkäfer. L. 34.
    Schaeff. Ratisb. t. 11. f. 7.
    Sulz. Kennz. t. 4. f. c.
    Frisch. 13. f. 11.
    Auf den Weiden (Salicib.) ziemlich gemein.

228 Cerambyx hispidus. Der Dornbokkäfer. L. 30.
    Schaeff. Ratisb. t. 14. f. 9.
    Bey uns selten.

229 Cerambyx alpinus. Der Alpenbokkäfer? L. 35.
    Scheuchz. itin. 1. t. 1. f. 5.
    Sulz. Kennz. t. 4. f. d.
    Geoffr. 1. t. 3. f. 6.
    Schaeff. Ratisb. t. 123. f. 1.
    Dieser Bokkäfer ist schon in verschiedenen Gegenden der Schweiz, niemals aber auf Alpen gefunden worden.

230 Cerambyx Aedilis. Der Zimmermann. L. 37.
    Schaeff. Ratisb. t. 14. f. 7.
    Frisch. 13. t. 12.
    Sulz. Kennz. t. 4. f. 27.
    Nicht selten in Holzmagazinen, wo Zimmerholz, besonders von Tannen aufbehalten wird.

231 Cerambyx Sutor. Der Schuster.   Lin. 38.
    Sulz. Geschichte t. 5. f. 4.
    Bey uns sehr selten. Bey Genf. Gourgas.

232 Cerambyx Cerdo. Der Flikker.   Lin. 39.

Drury exot. t. 39. f. 1.
Frisch 13. t. 8.
Schaeff. Ratisb. t. 124. f. 3. foem.
Scop. carn. 163. Heros.
Wird etwa in Wäldern in faulen Bäumen angetroffen.

*233 Cerambyx Scopoli. Scopolis-Bokkäfer.
    Scop. carn. 162. Cerdo.
    Mit recht macht Scopoli aus diesem Bokkäfer eine besondere Gattung; und ich vermuthe, der Ritter von Linné müsse diesen nie gesehen haben, sonst hätte er ihn gewiß nicht für eine bloße Abänderung des vorhergehenden gehalten. — Er ist ganz schwarz, mittlerer Größe, und bey uns ziemlich gemein, besonders auf den Blüthen der Schirmtragenden Pflanzen.

234 Cerambyx Textor. Der Wäber.   L'n. 41.
    Schaeff. Ratisb. t. 10. f. 1.
    Bey uns etwas selten, in Wäldern im faulen Holz.

235 Cerambyx Fuliginator. Der Schlotfeger. L. 43.
    Bey uns sehr selten.

236 Cerambyx Cursor. Der Läufer.   Lin. 45.
    Sulz. Geschichte t. 5. f. 7.
    In Bündten. D. Amstein. Im Wallis.
    Dieser Bokkäfer ist in der Schweiz kaum von mittlerer Größe, und doch zählet ihn Hr. Müller unter die größten europäischen, welches mir sehr unwahrscheinlich vorkommt! Man sehe die citirte Sulzerische Figur.

*237 Cerambyx maculatus. Gefleckter.
    Sulz. Geschichte t. 5. f. 8.
    Sehr ähnlich dem vorhergehenden; er hat kurze Fühlhörner; einen gesäumten Brustschild, und auf jeder Seite desselben einen Dorn. Die Flügeldecken sind braun, auf den Seiten roth, mit mit 4 orangefarben Flecken. Die Beine sind schwarz.

Coleoptera. **Mit Flügeldecken, oder Käfer.**

No.
In Bünkten. Dr. Amstein.
238 Ceramb. meridianus. Der Tagschwärmer. L. 47.
Schaeff. Ratisb. t. 3. f. 13.
Bey uns sehr gemein auf Blumen.
239 Cerambyx noctis. Der Nachtschwärmer. L. 48.
Bey uns etwas selten.
240 Cerambyx Inquisitor. Der Inquisitor. Lin. 49.
Frisch. 3. t. 14.
Schaeff. Ratisb. t. 2. f. 10. & tab. 8. f. 2. 3.
Bey uns ziemlich gemein.
*241 Cerambyx scabricornis. Das Rauchhorn.
Siehe unsere Tafel f. 3. a und b
Scop. carn. 174.
Geoffr. 1. tab. 210. n. 6.
Dieser Bollkäfer, besonders das Männchen fig. 3. b. ist einer der grösten europäischen. Scopoli und Geofroi haben ihn beschrieben. Er hält sich im faulen Holze, besonders von Linden- und Roßcastanien-Bäumen auf; doch ist er etwas selten bey uns. Im Wallis. Wottenbach.
242 Cerambyx Kaehleri. Kählers Bollkäfer. L. 50.
Schaeff. Ratisb. t. 1. f. 1.
Bey Genf. De Saussure. Bey Luggaris.
243 Cerambyx Charcharias. Lin. 52.
Schaeff. Ratisb. t. 38. f. 4.
Drury exot. t. 41. f. 5.
Bey uns nicht selten, besonders auf den Pappeln und Weiden.
244 Cerambyx scalaris. Der Stiegenbollkäfer. L. 35.
Schaeff. Ratisb. t. 38. f. 5.
Müller Naturf. t. 5. f. 6.
Frisch. 12. t. 3. f. 3.
Bey uns etwas selten.
255 Cerambyx Cardui. Der Distelbollkäfer. L. 56.
Auf Disteln, jedoch bey uns selten.
256 Ceramb. populneus. Der Pappelnbollkäfer. L. 57.
Schaeff. Ratisb. t. 48. f. 5.
Auf den Pappelbäumen nicht selten.

No.
257 Cerambyx linearis. Lin. 58.
Auf Blumen im Wallis; bey Genf. Gourgas.
*258 Cerambyx micans. Geofr. 1. p. 208. n. 2.
Die Farbe dieser Käfer ist blauschwarz; oder columbinspielend; Kopf und Brustschild sind etwas haaricht, die Flügeldecken aber irregulär punctirt. Die Grösse und Gestalt ist sonst die des Pappeln-Bollkäfers.
Ich habe ihn nur ein einzigmal bey Zürich auf einer Blume gefunden.
259 Cerambyx punctatus. Punctirter. L. add. 7.
Schaeff. Ratisb. t. 101. f. 1.
Sulz. Gesch. t. 5. f. 10.
Bey Bern. Wottenbach.
260 Cerambyx oculatus. Das Schildauge. Lin. 60.
Bey uns etwas selten auf dem Xylosteo.
261 Cerambyx curculionoides. Der Argus. L. 61.
Schaeff. Ratisb. t. 39. f. 1.
—————— t. 153. f. 5.
Bey uns selten.
262 Cerambyx rusticus. Der Bauer. Lin. 67.
Sulz. Kennz. t. 4. f. 29.
Schaeff. Ratisb. t. 67. f. 5.
————— elem. t. 76. f. 1.
Bey uns nicht selten.
263 Cerambyx violaceus. Der blaue Bollkäfer. L. 70.
Frisch. 12. t. 3. ic. 6. f. 1.
Nicht selten auf Blumen.
264 Cerambyx striatus. Der Streifbollkäfer. L. 73.
Bey uns selten.
265 Cerambyx testaceus. Lin. 75.
Schaeff. Ratisb. t. 64. f. 6.
Auf Blumen, aber selten.
266 Cerambyx Bajulus. Der Lastträger. Lin. 76.
Schaeff. elem. t. 76. f. 4.
Sulz. Kennz. t. 4. f. 29.
Frisch. 13. t. 10.
Zieml. gemein in den Häusern, auch auf Blumen.

I. Claß der Insecten.

No.
267 Cerambyx fennicus. Der Finnländer? Lin. 77.
  Bey uns etwas selten. Bern. Wottenbach.
268 Cerambyx castaneus. Der Castanien braune. L. 81.
  Bey uns selten.

Leptura. Afterbockkäfer.

269 Leptura aquatica. Wasser-Afterbockkäfer. Lin. 1.
  Auf den Wasserpflanzen, insonderheit den Blättern der Seeblumen (Nymphäis) sehr gemein.
270 Leptura melanura. Der Schwarzarsch. Lin. 2.
  Schaeff. Ratisb. t. 39. f. 4.
  Bey uns ziemlich gemein, auf Blumen.
271 Leptura rubra. Der Rothschild. Lin. 3.
  Schaeff. Ratisb. t. 39. f. 2.
  Frisch, 12. t. 3. f. 6. n. 6.
  Bey uns nicht selten auf Blumen.
272 Leptura sanguinolenta. Der Blutschild. Lin. 4.
  Schaeff. Ratisbon. t. 39. f. 9.
  Auf Blumen, aber selten.
*273 Leptura cordigera. Herzfleck.
  Sulz. Geschichte t. 5. f. 11.
  Ganz schwarz; rothe Flügeldecken, am Ende schwarz, und auf derselben Naht ein herzförmiger schwarzer Fleck.
  Von Luggaris.
274 Leptura testacea. Gelbschild. Lin. 5.
  Schaeff. Ratisb. t. 39. f. 3.
  Auf Blumen, nicht selten.
275 Leptura 4 maculata. Vierfleck. Lin. 9.
  Schaeff. elem. t. 118. f. 2.
  ——— Ratisb. t. 1. f. 7.
  Bey Bern. Wottenbach.
276 Leptura 6-maculata. Sechsfleck. Lin. 11.
  Bey uns ziemlich gemein auf Blumen.
277 Leptura 4-fasciata. Vierband. Lin. 12.
  Schaeff. Ratisb. t. 39. f. 6.
  Auf Blumen, nicht selten.

No.
278 Leptura attenuata. Lin. 13.
  Schaeff. Ratisb. t. 63. f. 11.
  Diese und den vorhergehenden habe ich oft, sich mit einander paaren gesehen.
279 Leptura nigra. Der Schwarze. Lin. 14.
  Schaeff. Ratisb. t. 39. f. 7.
  Bey uns nicht selten auf Blumen.
280 Leptura virginea. Lin. 15.
  Schaeff. Ratisb. t. 58. f. 3?
  Bey uns etwas selten, auf Blumen.
281 Leptura collaris. Der Rothhals. Lin. 16.
  Schaeff. Ratisb. t. 9.
  Nicht selten auf Blumen.
282 Leptura rustica. Lin. 17.
  Schaeff. Ratisb. t. 11. f. 7.
  Ziemlich gemein auf Blumen.
283 Leptura mystica. Vierfarbigter. Lin. 18.
  Schaeff. Ratisb. t. 2. f. 9.
  Nicht selten auf Blumen.
284 Leptura arcuata. Der Bogenstrich. Lin. 21.
  Schaeff. Ratisb. t. 38. f. 6.
  Frisch 12. platte 3. t. 4. f. 1.
  Sulz. Kennz. t. 5. f. 31.
  Auf Blumen nicht gar selten.
285 Leptura Verbasci. Lin. 22.
  Sulz. Geschichte. t. 5. f. 12.
  Im Wallis; in Bündten. Graf.
286 Leptura arietis. Der Widder. Lin. 23.
  Schaeff. Ratisb. t. 38. f. 7.
  Frisch 12. platte 3. t. 5. f. 3.
  Auf Blumen nicht selten.
287 Leptura praeusta. Lin. 24.
  Bey uns selten.

Necydalis. Halbkäfer.

288 Necydalis minor. Lin. 2.
  Schaeff. Ratisb. t. 95. f. 5.

Coleoptera. Mit Flügeldecken, oder Käfer.

Sulz. Kennz. t. 7. f. 51.
Auf Blumen, nicht selten.
289 Necydalis umbellatarum. Blumenfreund. Lin. 3.
Schaeff. Ratisb. t. 95. f. 4.
Sulz. Geschichte t. 6. f. 6.
Auf Blumen, etwas selten.
290 Necydalis cærulea. Der Bläuling. Lin. 4.
Schaeff. Ratisb. t. 94. f. 7.
Sulz. Gesch. t. 6. f. 2.
Auf Blumen, nicht gar selten.
291 Necydalis rufa. Der Röthling. Lin. 6.
Schaeff. t. 94. f. 8.
Ebenfalls auf Blumen.
292 Necydalis glaucescens. Der Gräuling. Lin. 7.
Schaeff. t. 94. f. 6.
Wie die vorhergehenden, aber selten.
294 Necydalis flavescens. Der Gelbling. Lin. 8.
Wie die vorhergehenden, nicht selten.
295 Necydalis Podagrariæ. Lin. 9.
Auch auf Blumen, nicht gar selten.
296 Necydalis simplex. Lin. 10.
Auf Blumen, wie alle vorhergehenden.
Alle hier verzeichneten Halbkäfer lieben vorzüglich die Blumen oder Blüthen der schirmtragenden Pflanzen. (Plant. umbellif.) Man wird also an Orten, wo dergleichen Pflanzen häufig wachsen und blühen, nicht vergeblich nach diesen Käfern suchen.

Lampyris. Scheinkäfer.

297 Lampyris noctiluca. Scheinwurm. Lin. 1.
Geoffr. 1. t. 2. f. 7. p. 167.
In grasigten und bergigten Gegenden ziemlich gemein.
298 Lampyris italica. Der Italiänische. Lin. 11.
Sulz. Geschichte t. 6. f. 3.
Wohnt in den an Italien gränzenden schweizerischen Landen, wo er gleich Feuerfunken in der Dämmerung herum flieget.

299 Lampyris sanguinea. Der Blutrothe. Lin. 17.
Frisch 12. platte III. t. 7. f. 2.
Schaeff. Ratisb. t. 24. f. 1.
Sulz. Geschichte. t. 6. f. 4.
In steinigten Gegenden, etwas selten.
300 Lampyris coccinea. Der Scharlachrothe. L. 18.
Schaeff. Ratisb. t. 90. f. 4.
Etwa auf Blumen, aber selten.

Cantharis. Afterscheinkäfer.

301 Cantharis fusca. Der Schwarzbraune. Lin. 1.
Schaeff. Ratisb. t. 16. f. 9–12.
Frisch 12. platte III. t. 6. f. 5.
Sulz. Kennz. t. 5. f. 33.
Sehr gemein, besonders auf Blumen.
302 Cantharis livida. Der Gelbbraune. Lin. 2.
Auf Blumen, nicht selten.
303 Cantharis aenea. Der Kupfergrüne. Lin. 7.
Schaeff. Ratisb. t. 18. f. 12–13.
Sulz. Gesch. t. 6. f. 5.
Bey uns nicht selten, auf Blumen.
304 Cantharis bipustulata. Die Rothspitze. Lin. 8.
Schaeff. Ratisb. t. 18. f. 10–11.
Bey uns nicht selten, auf Blumen.
305 Cantharis fasciata. Das Rothband. Lin. 10.
Bey uns etwas selten in Blumen; in Bündten. Graf.
306 Cantharis testacea. Der Bleyfarbichte. Lin. 15.
Auf Blumen, etwas selten.
307 Cantharis aura. Der Schwarze. Lin. 16.
Sulz. Gesch. t. 6. f. 6 ?
In Bündten. Graf.
308 Cantharis pectinicornis. Der Federkamm. L. 20.
Bey uns sehr selten.
309 Cantharis viridissima. Lin. 23.
Bey uns selten.
310 Cantharis virescens. Lin. 24.

I. Claß der Insecten.

No.		
	In Bündten. Graf.	
311	Cantharis dermestoides.	Lin. 25.
	In Bündten. Graf.	
312	Cantharis melanura.	Lin. 27.
	Bey uns nicht selten auf Blumen.	

Elater. Schnellkäfer.

313 Elater brunneus. Der Braune. L. 10.
    In Bündten. Graf.
314 Elater cruciatus. Der Creutzträger. Lin. 12.
    Sulz. Gesch. t. 6. f. 10.
    In Bündten. Graf.
315 Elater latus. Der Breite.
    Sulz. Gesch. t. 6. f. 8.
    Dieser Schnellkäfer ist der größte von allen so in der Schweiz gefunden werden: der Kopf und Leib unten her sind wie glänzendes punttirtes Metall, der Brustschild und die breiten Flügeldecken blau auf Gold spielend, und haben jede von letztern 8=9 Furchen von ungleicher Länge, die hinten zusammen laufen. Das Schildchen ist sehr klein, und die Fühlhörner etwas sägenförmig gezähnelt.
    In der Schweiz sehr selten.
316 Elater ruficollis. Rothbrust. Lin. 14.
    Schaeff. Ratisb. t. 31. f. 3.
    Bey uns ein wenig selten.
317 Elater lineatus. Lin. 15.
    In Bündten. Graf.
318 Elater mesomelus. Lin. 16.
    In Bündten. D. Amstein.
319 Elater aterrimus. Der Kohlschwarze. Lin. 17.
    In Bündten. D. Amstein.
320 Elater castaneus. Der Castanienfarbe. Lin. 18.
    Schaeff. Ratisb. t. 31. f. 4.
    Nicht selten auf den Blüthen der Schirmtragenden Pflanzen.
320 Elater livens. Lin. 19.

    Schaeff. Ratisb. t. 11. f. 8.
    Etwas selten bey uns.
321 Elater ferrugineus. Der Rostfarbe. Lin. 20.
    Schaeff. Ratisb. t. 19. f. 1.
    Bey uns sehr selten.
322 Elater sanguineus. Der Blutrothe. Lin. 21.
    Schaeff. Ratisb. t. 31. f. 7.
    Bey uns nicht selten auf Blumen.
*323 Elater Scopoli. Scopolis=Schnellkäfer.
    Scop. carn. 289.
    Schaeff. Ratisb. t. 2. f. 6. Mas.
    ——— t. 31. f. 6. Foem.
    Sulz. Gesch. t. 6. f. 9.
    Bey Bern und in Bündten, aber selten.
323 Elater balteatus. Lin. 22.
    Schaeff. Ratisb. t. 31. f. 5.
    Bey uns selten.
324 Elater marginatus. Der Schwarzrand. L. 23.
    In Bündten. Graf.
*325 Elat. nitens. Scop. carn. 279.
    Ganz glänzend, kupfergrün; mit gefurchten Flügeldecken.
    Er unterscheidet sich von dem Schnellkäfer No. 30. Linnäi, dardurch, daß seine Farbe nicht wie jener schwarzblau, sondern kupfergrün, und von dem No. 31. daß seine Beine nicht roth, sondern mit dem Leib gleich färbig sind.
    Bey uns selten. In Bündten. Dr. Amstein.
326 Elater obscurus. Lin. 25.
    Sulz. Kennt. t. 5. f. 35.
    Bey uns ziemlich gemein auf Blumen.
327 Elater murinus. Der Mausfarbige. Lin. 28.
    Schaeff. Ratisb. t. 4. f. 6.
    Bey uns nicht selten auf Blumen.
328 Elater tessellatus. Lin. 29.
    Schaeff. Ratisb. t. 4. f. 7.
    Bey uns nicht selten auf Blumen.
                                          329

Coleoptera. **Mit Flügeldecken, oder Käfer.**

No.		
329	Elater germanus.	Lin. 30.
	In Bündten. Graf.	
330	Elater aeneus. Der Kupferfarbige.	Lin. 31.
	In Bündten. Dr. Amstein.	
331	Elater pectinicornis. Das Kammhorn.	L. 32.
	Sulz. Kennz. t. 5. f. 36.	
	Schaeff. Ratisb. t. 2. f. 5.	
	——— elem. t. 11. f. 1. & t. 60. f. 1.	
	In Bündten, im Walliß und bey Genf nicht selten.	
332	Elater pulchellus.	Lin. 35.
	In Bündten. Dr. Amstein.	
333	Elater niger.	Lin. 33.
	Bey uns nicht selten.	
*334	Elater montanus. Scop. carn. 283.	
	In Bündten. D. Amstein.	

Cicindela. Glimmkäfer.

335 Cicindela campestris. Der Curier. Lin. 1.
    Schaeff. Ratisb. t. 34. f. 8. 9.
    Sulz. Kennz. t. 5. f. 37.
    Ziemlich gemein in trockenen, sandichten Orten.
336 Cicindela hybrida. Der Läufer. Lin. 2.
    Schaeff. Ratisb. t. 35. f. 10.
    ——— elem. t. 43.
    Bey uns nicht selten an gleichen Orten.
337 Cicindela germanica. Der Postknecht. Lin. 4.
    An gleichen Orten wo die vorhergehenden, aber etwas seltner.
*338 Cicindela arenaria. Sandläufer.
    Sulz. Gesch. t. 6. f. 12.
    Der Kopf, Brust und Beine haben die Farbe wie Metall; die Flügeldecken sind kupferfarbigt, blau punctirt, mit verschiedenen weissen oder silbernen Zügen und Caracteren; der Unterleib ist blaugrün ic. Mag dieser nicht eine Abänderung des vorhergehenden seyn? Herr Graf fand

diese Gattung ziemlich häufig bey Ragotz im Sande.
339 Cicindela riparia. Strandläufer. Lin. 10.
    Schaeff. Ratisb. t. 86. f. 4.
    Sulz. Gesch. t. 6. f. 13.
    In Bündten und bey Winterthur an Wassern im feuchten Sand.
340 Cicindela flavipes. Der Gelbfuß. Lin. 11.
    In Bündten. Dr. Amstein.

Buprestis. Gleißkäfer.

341 Buprestis chrysostigma. Der Goldpunct. L. 7.
    Sulz. Kennz. t. 6. f. 39.
    Bey uns selten. In Bündten. Dr. Amstein.
342 Buprestis rustica. Der Bauer. Lin. 8.
    Schaeff. Ratisb. t. 2. f. 1.
    Bey uns selten.
343 Buprestis nitidula. Lin. 15.
    Schaeff. Ratisb. t. 50. f. 7.
    In Bündten. Dr. Amstein.
344 Buprestis 4.punctata. Der Brustpunct. L. 22.
    Im Walliß; in Bündten Dr. Amstein; bey Genf. Gourgas.
345 Buprestis viridis. Der Grünling. Lin 25.
    Im Walliß nicht selten.

Dytiscus. Tauchkäfer.

346 Dytiscus piceus. Der Pechschwarze. Lin. 1.
    Schaeff. Ratisb. t. 33. f. 1. 2.
    Geofr. t. 1. f. 1.
    Sulz Gesch. t. 6. f. 18.
    Frisch. 2. t. 6.
    Nicht selten in Seen, Teichen und Wassergraben.
347 Dytiscus caraboides. Der Laufkäferartige. L. 2.
    Sulz. Kennz. t. 6. f. 41.

C

I. Claß der Inseceten.

No.
    Frisch. 13. platte III. t. 21.
    Roesel aquatil. 1. t. 4. f. 1. 2.
    Bey uns selten.
348 Dytisc. Scarabæoides. Der Kolbenkäfer artige. L. 3.
    Bey uns selten.
*349 Dytiscus Röeselii. Roesels Tauchkäfer.
    Roesel Ins. 2. aquat. 1. t. 2.
    Bey uns im Katzensee, etwas selten.
350 Dytiscus latissimus. Der Breitschild. Lin. 6.
    Frisch. 2. t. 7. f. 1. 2.
    Sulz. Gesch. t. 6. f. 19.
    Bey uns selten, im Katzensee.
351 a Dytiscus marginalis. Der Gelbsaum. Lin. 7.
    Roes. Ins. 2. aquat. 1. t. 1. f. 9.
    Sulz. Kennz. t. 6. f. 42.
    Schaeff. Ratisb. t. 8. f. 7. 8.
    Bey uns nicht selten in Teichen und Wassergraben.
351 b Dytiscus semistriatus. Lin. 8.
    Frisch. 2. t. 7. f. 4.
    Roesel. 2. aquat. 1. t. 1. f. 10.
    Unstreitig das Weibchen von dem vorhergehenden, indem ich sie fast immer mit einander gepaaret gefunden.
352 a Dytiscus cinereus. Der Aschgraue. Lin. 11.
    Roesel 2. aquat. 1. t. 3. f. 6.
    Schaeff. Ratisb. t. 90. f. 7.
    Nicht selten in Teichen und Wassergräben.
352 b Dytiscus sulcatus. Lin. 13.
    Frisch. 13. platte 1. t. 7.
    Roesel. 2. aquat. 1. t. 3. f. 7.
    Schaeff. Ratisb. t. 3. f. 3.
    Ebenfalls das Weibchen des vorhergehenden.
353 Dytiscus ferrugineus. Der Rostfarbene. L. 16.
    In Teichen und Wassergraben, etwas selten.
354 Dytiscus ovatus. Der Eyrunde. Lin. 18.
    In Teichen und Wassergraben.

No.
355 Dytiscus uliginosus. Lin. 20.
    In Sümpfen.
*356 Dytiscus minimus. Scop. carn. 297.
    In Bündten. Dr. Amstein.

Carabus. Lauffkäfer.

357 Carabus coriaceus. Lederartiger. Lin. 1.
    Sulz. Kennz. t. 6. f. 44.
    Schaeff. Ratisb. t. 36. f. 1.
    An schattigten Orten in den Gärten und überall ziemlich gemein. Der größte so wir bey uns haben; größer als n. 367.
358 Carabus granulatus. Der Galonirte. Lin. 2.
    Sulz. Gesch. t. 7. f. 2.
    Schaeff. Ratisb. t. 18. f. 6.
    Im faulen Holz und feuchten Stellen nicht selten.
359 Carabus hortensis. Der Hohlpunct. Lin. 3.
    Schaeff. Ratisb. t. 11. f. 3.
    In den Gärten, unter verfaulten Pflanzen sehr gemein.
360 Carabus leucopthalmus. Lin. 4.
    Schaeff. Ratisb. t. 18. f. 1.
    Bey uns nicht gar selten.
361 Carabus clatratus. Lin. 5.
    In Bündten. Dr. Amstein.
362 Carabus nitens. Lin. 6.
    Sulz. Geschichte t. 7. f. 3.
    Schaeff. Ratisb. t. 51. f. 1.
    Bey uns selten.
363 Carabus auratus. Lin. 7.
    Bey uns sehr gemein. Vulgo. Goldkäfer.
364 Carabus violaceus. Lin. 8.
    Frisch. 13. t. 23.
    Bey uns nicht selten.
365 Carabus cephalotes. Lin. 9.
    Frisch. 13. t. 22.
    Schaeff. Ratisb. tab. 11. f. 1.

Coleoptera. Mit Flügeldecken, oder Käfer.

No.		
	Bey uns nicht selten.	
366	Carabus inquisitor. Der Raupenjäger.	L. 10.
	In Bündten. Dr. Amstein.	
367	Carabus Sycophanta. Der Puppenräuber.	L. 12.
	Sulz. Gesch. t. 7. f. 1.	
	Schæff. elem. t. 2. f. 1.	
	——— Ratisb. t. 66. f. 6.	
	Bey Genf. Gourgas.	
368	Carabus buprestoides.	Lin. 13.
	Bey Genf.	
369	Carabus marginatus.	Lin. 16.
	In Bündten. Dr. Amstein.	
370	Carabus crepitans.	Lin. 18.
	Schaeff. Ratisb. t. 11. f. 13.	
	In Bündten. Dr. Amstein.	
371	Carabus spinipes. Der Dornfuß.	Lin. 20.
	Sulz. Gesch. t. 7. f. 4.	
	Bey Genf. Gourgas.	
372	Carabus cyanocephalus. Der Blaukopf.	L. 21.
	Schaeff. Ratisb. t. 11. f. 14.	
	Bey uns etwas selten, auch in Bündten. Graf.	
373	Carab. melanocephalus. Der Schwarzkopf.	L. 28.
	Bey Zürich, und in Bündten.	
374	Carabus vaporariorum.	Lin. 23.
	In Bündten. Graf.	
375	Carabus latus. Der Breitbuckel.	Lin. 24.
	Bey uns nicht selten.	
376	Carabus germanus.	Lin. 26.
	Schaeff. Ratisb. t. 31. f. 13.	
	Bey uns etwas selten.	
377	Carabus vulgaris.	Lin. 27.
	Schaeff. Ratisb. t. 18. f. 2.	
	Bey uns nicht selten.	
378	Carabus caerulescens. Der Bläuling.	Lin. 28.
	Schaeff. Ratisb. t. 18. f. 3, 4.	
379	Carabus cupreus. Kupferfärbichter.	Lin. 29.
	Bey uns etwas selten.	
380	Carabus 6-punctatus. Der Sechspunkt.	Lin. 33.

No.		
	Bey uns selten.	
381	Carabus crux major. Großkreuz.	Lin. 39.
	Schaeff. Ratisb. t. 1. f. 13.	
	In Bündten. Graf.	
382	Carabus crux minor. Kleinkreuz.	Lin. 40
	Sulz. Gesch. t. 7. f. 6.	
	Schaeff. Ratisb. t. 18. f. 8. tab. 41. f. 14.	
	In Bündten. Dr. Amstein.	
*383	Carabus catenulatus. Scop. carn.	264.
	In Bündten. Dr. Amstein.	
*384	Carabus cordatus. Scop. carn.	271.
	In Bündten. Dr. Amstein.	
*385	Carabus junceus. Scop. carn.	272.
	In Bündten. D. Amstein.	
*386	Carabus arenarius. Scop. carn.	277.
	In Bündten. D. Amstein.	

Tenebrio. Schlupfkäfer.

387	Tenebrio Molitor. Der Müller.	Lin. 1.
	Schaeff. Ratisb. t. 66. f. 1.	
	Müller Naturs. t. 8. f. 2.	
	Bey uns sehr gemein, in den Mehlkasten, Kellern ic.	
388	Tenebrio lanipes. Lin. Mantiss. altera. Scop. carn. 255.	
	Bey Zürich sehr selten; bey Genf. Gourgas.	
389	Tenebrio culinaris. Der Küchengast.	Lin. 5.
	Bey uns gemein in Speisekammern, Küchen und Kellern.	
390	Tenebrio fossor. Der Gräber.	Lin. 7.
	In Bündten. D. Amstein.	
*391	Tenebrio Capreae. Scop. carn. 258.	
	In Bündten. D. Amstein.	
392	Tenebrio mortisagus. Der Stinker.	Lin. 15.
	Frisch 13. t. 25.	
	Sulz. Kennz. t. 7. f. 52.	
	Schaeff. Ratisb. t. 37. f. 6.	

In Kellern, finstern Löchern, faulen Holz ꝛc. sehr gemein.

* 393 Tenebrio sabulosus. Sandschlupfer.
  Geoff. 1. t. 6. f. 6.
  Bey Genf.

394 Tenebrio caraboides? Lin. 25.
  Sulz. Kennz. t. 7. f. 53.
  Schaeff. elem. t. 1. f. 6.

In Wiesen und Feldern nicht selten, die Raupe nähret sich vom Galio.

Meloe. Afterkäfer.

395 Meloe proscarabaeus. Lin. 1.
  Sulz. Kennz. t. 7. f. 54.
  Frisch 6. t. 6. f. 5.

Man findet diesen Afterkäfer bey uns fast immer, vom Frühjahr bis in den späten Herbst, in Wiesen und Feldern.

396 Meloe majalis. Maywurm. Lin. 2.?
  Schaeff. Ratisb. t. 3. f. 5.

So bald nur die ersten Frühlingstage kommen, oft schon im März, findet man bey uns an sonnreichen und grasichten Stellen, den von Schäffer auf angezogener Tabellen vorgestellten Afterkäfer, so bald aber mit dem May-Monat recht warme Tage kommen, so verschwindet er, und wird man ihn alsdann bey uns vergeblich suchen. Die Farbe ist ganz schwarz, wie schwarzes Schuhleder, und spielet nicht das geringste auf Violet, und da er die rothen Ringe oder Flecken auf dem Rücken ausgenommen, die dem unsrigen mangeln, dem Afterkäfer des Linne n. 2. vollkommen gleichet, so glaube ich, der unsrige sey weiter nichts als eine Abänderung von diesem? Man vergleiche Schaeff. Ratisb. t. 3. f. 5. und f. 6. miteinander. Daß er von dem Violetten (Proscarabaeo Linnaei) ganz verschieden

sey, bin ich darum geglaubt, weil er 1stens nicht von gleicher Farbe; 2tend noch einmal so groß; 3tens nur im Frühling anzutreffen ist, und viertens die Fühlhörner etwas über die Mitte gegen der Spitze zu nicht gebrochen oder gebogen wie ersterer hat. Man vergleiche abermal Sulz. Kennz. t. 7. f. 54. c. mit Schaeff. Ratisb. t. 3. f. 5.

397 Meloe vesicatorius. Die spanische Fliege. L. 3.
  Sulz. Kennz. t. 7. f. 55.
  Schaeff. Ratisb. t. 47. f. 1.

In den wärmern Theilen der Schweiz gemein.

* 398 Meloe fasciatus. Der bandirte Afterkäfer.
  Auf unsrer Tafel Fig. l. a, b, c, d, e.
  Lin. Syst. n. 5. M. L. V. 103?

Im Jahr 1770 im Heumonat fand ich im Wallis, nahe bey Leuck auf einer Viehweide, diese Käfer in grosser Menge auf der Blüte der gemeinen Wolfsmilch (Euphorbia Cyparissias). Die Beschreibung die der Ritter von Linné von dem Cichorien Afterkäfer giebt, paßt, die Grösse ausgenommen, völlig auf den unsrigen (a). Man vergleiche Sulz. Geschichte t. 7. f. a und 11. Da ich die hier vorgestellten fünferley Käfer zu gleicher Zeit, am gleichen Orte und auf einerley Pflanze angetroffen, so scheint es mir sehr wahrscheinlich, daß sie alle auch nur einerley Gattung seyn.

399 Meloe Schaefferi. Schäffers-Afterkäfer. L. 12.
  Schaeff. elem. t. 37.
  ——— Ratisb. t. 53. f. 8, 9.
  Sulz. Gesch. t. 7. f. 13.

In der Schweiz. D. Sulzer.

400 Meloe monoceros. Das Einhorn. Lin. 14.
  Geoffr. 1. pag. 356. t. 6. f. 8.

In Bündten, D. Amstein.

401 Meloe floralis.

In Bündten D. Amstein.

Coleoptera. Mit Flügeldecken, oder Käfer.

Mordella. Erdflohkäfer.

* 402 Mordella perlata. Der Perlenpunkt.
    Sulz. Gesch. t. 7. f. 14.
    Glänzend schwarz; auf jeder Flügeldecke vier perlenfarbe glänzende Punkte, so auch an den Seiten jedes Bauchringes kleinere dergleichen.
    In Bündten D. Amstein.

* 403 Mordella bicolor. Zweyfarbigter.
    Sulz. Geschichte t. 7. f. 15.
    Maul, Bruststück, das vordere paar Beine und der Hinterleib sind roth, das übrige glänzend schwarz.
    In der Schweiz. Dr. Sulzer.

404 Mordella aculeata. Stachelflohkäfer. Lin. 2.
    Sulz. Kennz. t. 7. f. 46.
    Schaeff. elem. t. 84.
    Auf Blumen nicht selten.

405 Mordella frontalis. Die Gelbstirn. Lin. 4
    In Bündten. Graf.

406 Mordella thoracica. Die Gelbbrust. Lin. 5.
    In Bündten. Graf.

Staphylinus. Raubkäfer.

407 Staphylinus hirtus. Haarigter. Lin. 1.
    Schaeff. Monogr. 1754. t. 2. f. 12.
    ——— Ratisb. t. 36. f. 6.
    Sulz. Gesch. t. 7. f. 16.
    In Bündten, im Menschenkoth. D. Amstein, bey Cleven.

408 Staphylinus murinus. Mausefarbigter. Lin. 2.
    Schaeff. Ratisb. t. 4. f. 11.
    In Pferde- und Kuhmist gemein.

409 Staphylinus maxillosus. Der Großkiefer. Lin. 3.
    Geoffr. t. 1. t. 7. f. 1.
    In Wiesen und Gärten sehr gemein; hält sich meistens unter der Erde auf.

* 410 Staphylinus fasciatus. Der Bandirte.
    Schaeff. Ratisb. t. 20. f. 1.

Sulz. Kennz. t. 7. f. 47.
So gemein der vorhergehende bey uns ist, so selten hingegen findet sich dieser in der Schweiz; Ich kann ihn also unmöglich mit Linnéo für den gleichen mit jenem halten. — Mir sind von dem vorhergehenden von allem Alter zu Gesichte gekommen, aber nie habe ich auch nur den kleinsten weissen oder grauen Fleck an ihnen wahrnehmen können.

411 Staphylinus erytropterus. Der Rothflügel. L. 4.
    Schaeff. elem. t. 117.
    ——— Ratisb. t. 2. f. 2.
    Bey uns gemein beym Pferde- und Kuhmist.

412 Staphylinus politus. Polirter. Lin. 5.
    Schaeff. Ratisb. t. 39. f. 12.
    Bey uns nicht selten.

413 Staphylinus riparius. Der Gesellige. Lin. 8.
    Schaeff. Ratisb. t. 71. f. 3.
    Im Herbst, findet man unter abgefallenem Laub nicht selten viele bey einander.

414 Staphylinus obtusus. Lin. 9.
    In Bündten. D. Amstein.

416 Staphylinus 2-pustulatus. Der Rostpunkt. L. 16.
    Bey uns nicht selten im faulen Holz.

417 Staphylinus chrysomelinus. Lin. 21.
    In Bündten. Graf.

418 Staphylinus flavipes. Lin. 22.
    In Bündten. Graf.

Forficula. Zangenkäfer.

419 Forficula auricularia. Der große Ohrwurm. L. 1.
    Sulz. Kennz. t. 7. f. 50.
    ——— Gesch. t. 7. f. 17.
    Schaeff. elem. t. 63.
    In Blumen, zwischen den Blättern und unter der Rinde der Bäume ꝛc. sehr gemein.

420 Forficula minor. Der kleine Ohrwurm. Lin. 2.
    Bey uns etwas seltener als der erste.

II. Claß der Insecten.

Hemiptera. Mit Affterflügeldecken, oder Sauger.

Blatta. Schabe.

421 Blatta orientalis. Orientalische. Lin. 7.
    Sulz. Gesch. t. 8. f. 2.
    ―――― Kennz. t. 7. f. 47.
    Frisch. 5. t. 3.
    Müller Naturs. t. 8. f. 11, 12.
    Geoffr. 1. t. 7. f. 5.
    Bey Bellenz, Luggaris, und im Wallis.

422 Blatta lapponica. Lin. 8.
    Schaeff. elem. t. 26.
    Sulz. Gesch. t. 8. f. 3.
    Bey uns nicht selten in den Wäldern, besonders auf jungen Fichtenbäumen.

Mantis. Fangheuschrecke.

429 Mantis religiosa. Der wandelnde Blat. L. 5.
    Sulz. Gesch. t. 8. f. 4.
    Schaeff. elem. t. 81.
    Rösel tom. 2. gryll. t. 1, 2.
    ――― tom. 4. t. 12.
    Im Herbst findet man diese Fangheuschrecke ausgewachsen, bey Genf und Luggaris, und in grosser Menge bey Leuck im Wallis. Wyttenbach.

Gryllus. Grashüpfer.

430 Gryllus bipunctatus. Der Zweypunkt. Lin. 7.
    Sulz. Gesch. t. 8. f. 7.
    Bey uns in den Gärten gemein.

431 Gryllus subulatus. Der Langstiel. Lin. 8.
    Sulz. Gesch. t. 8. f. 7. a.
    In Sparten. D. Amstein.

Daß diese Flügel und Flügeldecken (wenigstens bey uns) habe, beweißt Herr Sulzer am angeführten Orte.

432 Gryllus Gryllotalpa. Maulwurfsgrille. Lin. 9.
    Roesel tom. 2. Gryll. t. 14, 15.
    Sulz. Kennz. t. 9. f. 59.
    Geoffr. 1. t. 8. f. 1.
    Ein bey uns in den Gärten unter dem Namen Wärre bekanntes schädliches Insect.

433 Gryllus domesticus. Hausgrille. Lin. 12.
    Roesel tom. 2. gryll. t. 12.
    In den Häusern nahe bey Stuben- und Backöfen, besonders aber in den Badwohnungen der Stadt Baden sehr gemein.

435 Gryllus campestris. Feldgrille. Lin. 15.
    Frisch. 1. t. 1.
    Schaeff. elem. t. 66.
    Roesel tom. 2. gryll. t. 13.
    Sehr gemein in Wiesen und Feldern.

436 Gryllus viridissimus. Die Degenklinge. Lin. 31.
    Frisch. 12. t. 12. f. 1.
    Roesel, tom. 2. gryll. t. 10, 11.
    Schaeff. elem. t. 8. f. 3.
    In buschichten Gegenden und in den Gärten gemein.

437 Gryllus verrucivorus. Warzenfresser. Lin. 23.
    Sulz. Kennz. t. 9. f. 61.
    Roesel tom. 2. gryll. t. 8.
    Schaeff. Ratisb. t. 62. f. 5.
    Auf dürren Viehweiden, und in trocknen Wiesen gemein.

II. Claß der Insecten. *Hemiptera.* Mit Afterflügeldecken, ꝛc.

No.		
*438	Gryllus arboreus. Baumhüpfer.	

Grünlicht; Kopf, Fühlhörner und Beine fallen in gelblichte.

Man findet dieses Insect im Herbst bey Zürich auf dem Lindenhof, bey Genf à la Treille am moosichten Stamm der Linden- und Ulmen-Bäume, zwischen deren Moos und Rinde er vermuthlich zu der Zeit seine Eyer legt, den Sommer über sich aber oben in der Krone dieser Bäume aufhält.

*439 Gryllus cantans. Der Sänger.

Auf unsrer Tafel f. 5. a. 5. b.

Fast so groß als No. 436. mit welchem er viele Aehnlichkeit hat; seine Oberflügel sind kürzer, abgerundet, breiter; die Unterflügel nicht länger als der Hinterleib, blasser von Farbe; die Fühlhörner braunlicht. — Des Männchens fig. 56. obere Flügel haben an ihrer Basis einen runden durchsichtigen, mit braunlichten harten Adern umgebenen Fleck, vermittelst dessen er, wann er die Oberflügel an diesem Ort reibet, ein helles und laut tönenderes Geschwirre als die Cicaden hervorbringen kan.

Ich fand dieses Paar nahe bey Vallorbe im Gebüsch.

*440 Gryllus falcatus. Die Sichelklinge.

Scop. carn. 322.

Schaeff. Ratisb. t. 138. f. 1. 2.

Am Fuß des Salèva-Bergs bey Genf; bey Luggaris.

441 Gryllus caerulescens. Der Blauflügel. L. 44.

Sulz. Kennz. t. 9. f. 60.

Roesel tom. 2. gryll. t. 21. f. 4.

Schaeff. Ratisb. t. 27. f. 7.

Frisch. 9. t. 1. f. 9.

Auf dürren Viehweiden und in trockenen Wiesen sehr gemein.

443 Gryllus italicus. Lin. 46.

Roesel tom. 2. gryll. t. 21. f. 6.

Schaeff. Ratisb. t. 27. f. 9.

In Bündten, bey Zürich, Genf ꝛc. nicht selten.

444 Gryllus stridulus. Der Rothflügel. Lin. 47.

Frisch. 9. t. 1. f. 2.

Schaeff. Ratisb. t. 27. f. 11.

——— elem. t. 15.

Auf Brachäckern trockenen Viehweiden und Wiesen ziemlich gemein.

445 Gryllus caerulans. Lin. 48.

Roesel tom. 2. t. 22. f. 3.

In Bündten. D. Amstein.

446 Gryllus rufus. Lin. 56.

Auf Wiesen und Feldern nicht selten.

447 Gryllus danicus. Lin. 57.

Schaeff. Ratisb. t. 141. f. 4, 5.

Bey Lugaris.

448 Gryllus grossus. Lin. 58.

Geoffr. tom. 1. t. 8. f. 2?

Im Veltlein.

Fulgora. Laternträger.

449 Fulgora europaea. Der Europäische.

Bey Luggaris.

Cicada. Cicade.

450 Cicada cornuta. Das Horn. Lin. 6.

Sulz. Kennz. t. 10. f. 63. d. e.

Schreber. ins. 7. f. 3, 4.

Geoff. 1. t. 9. f. 3.

Auf Weiden, Birken, Erlen und Pappeln sehr gemein.

451 Cicada aurita. Das Ohr. Lin. 7.

Geoffr. 1. t. 9. f. 1.

Schreb. ins. 8. f. 1, 2.

In Bündten und bey Zürich, etwas selten.

II. Claß der Insecten.

452 Cicada haematodes. Der Blutring. Lin. 14.
   Sulz. Kennz. t. 10. f. 65.
   In obern Wallis bey Leuck.
453 Cicada plebeja. Lin. 15.
   Schaeff. Ratisb. t. 153. f. 3.
   Bey Reche und in den italienischen Vogteyen.
454 Cicada orni. Lin. 16.
   Schaeff. Ratisb. t. 4. f. 14?
   Im Wallis, sehr gemein.
455 Cicada violacea. Die Blaue. Lin. 21.
   Bey Genf.
456 Cicada sanguinolenta. Das Blutband. L. 22.
   Geoffr. 1. t. 8. f. 5.
   Im Canton Zürich, im Veltlein und Wallis auf Weidenbäumen.
457 Cicada coleoptrata. Die Käferartige. Lin. 23.
   Bey Zürich, selten.
458 Cicada spumaria. Der Schaumwurm. Lin. 24.
   Sulz. Kennz. t. 10. f. 64.
   Frisch 8. t. 12.
   Roesel tom. 2. gryll. t. 23. f. 4.
   Schaeff. elem. t. 42.
   Auf Weiden, Pappeln, Disteln ꝛc. sehr gemein.
459 Cicada nervosa. Punktnerve. Lin. 25.
   Bey uns nicht selten.
460 Cicada lateralis. Lin. 29.
   Bey uns nicht selten.
461 Cicada flava. Die Gelbe. Lin. 34.
   Bey uns nicht selten, auch in Bündten.
462 Cicada interrupta. Die Bruchlinie. Lin. 35.
   Bey uns nicht selten, auch in Bündten.
463 Cicada vittata. Die Zahnlinie. Lin. 36.
   Auf verschiedenen Pflanzen gemein.
464 Cicada Lanio. Der Fleischer. Lin. 37.
   Bey uns nicht selten.
465 Cicada viridis. Der Grünflügel. Lin. 46.
   Bey uns ziemlich gemein auf verschiedenen Pflanzen.

466 Cicada aurata. Der Goldflügel. Lin. 48.
   In Bündten auf der untern Seite der Blätter des Hufattichs (Tussilago petas.) D. Amstein.
467 Cicada Rosae. Die Rosencicade. Lin. 50.
   Frisch. 2. platte. 3. t. 20.
   Auf den Rosenstauden nicht selten.

Notonecta. Wasserwanze.

468 Notonecta glauca. Die Rückenschwimmerinn. L. 1.
   Sulz. Kennz. t. 10. f. 67.
   Frisch 6. t. 23.
   Geoffr. 1. t. 9. f. 6.
   Roesel tom. 3. f. 27.
   Schaeff. elem. t. 90.
   ——— Ratisb. t. 33. f. 5, 6.
   In kleinen Seen, in Teichen und Wassergräben sehr gemein.
469 Notonecta striata. Die Gestrichelte. Lin. 2.
   Roesel tom. 3. t. 23.
   Geoffr. 1. t. 9. f. 7.
   Schaeff. elem. t. 50.
   An gleichen Orten wo die vorhergehenden.
470 Notonecta minutissima. Die Kleinste. Lin. 3.
   Wo die vorhergehenden.

Nepa. Wasserscorpion.

471 Nepa cinerea. Breiter. Lin. 5.
   Roesel tom. 3. t. 22.
   Frisch 7. t. 15.
   Sulz. Kennz. t. 10. f. 68.
   Schaeff. elem. t. 69.
   ——— Ratisb. t. 33. f. 7, 8, 9.
   In kleinen Seen, Teichen und Wassergräben nicht selten.
472 Nepa cimicoides. Wantenartige. Lin. 6.
   Frisch 6. t. 14. Geoffr. 1. t. 9. f. 5.
   Roesel

Hemiptera. Mit Affterflügeldecken, oder Sauger.

Roesel tom. 3. t. 28.
Schaeff. elem. t. 87.
——— Ratisb. t. 33. f. 3. 4.
Wo der vorhergehende, aber etwas selten.

473 Nepa linearis. Schmaler. Lin. 7.
Frisch. 7. t. 16.
Roesel tom. 3.
Geoff. 1. t. 10. f. 1.
Im Katzensee bey Zürich.

Cimex. Wanze.

474 Cimex lectularius. Bettwanze. Lin. 1.
Sulz. Kennz. t. 11. f. 69. a.
In alten Häusern, durch die ganze Schweiz bekannt genug.

475 Cimex Scarabaeoides. Käserartige. Lin. 4.
Sulz. Kennz. t. 11. f. 70. c.
Auf Blumen, nicht selten.

476 Cimex maurus. Lin. 5.
Sulz. Kennz. t. 11. f. d.
Schaeff. Ratisb. t. 43. f. 15. 16.
Bey uns nicht selten auf verschiedenen Pflanzen.

477 Cimex lineatus. Der Schwarzstrich. Lin. 6.
Schaeff. Ratisb. t. 2. f. 3.
——— element. t. 44. f. 1.
In Bündten, Veltlein, bey Zürich und Genf.

478 Cimex fuliginosus. Lin. 8.
Schaeff. Ratisb. t. 11. f. 10. 11. 12 ?
In Bündten. Dr. Amstein.

479 Cimex grylloides. Gryllenartige. Lin. 13.
Im Wallis.

480 Cimex clavicornis. Das Keulhorn.
Bey Zürich sehr selten.

481 Cimex erosus. Zangwanze. L. 19.
Sulz. Kennz. t. 11. f. 71. e.
Schaeff. Ratisb. t. 57. f. 12.
Auf Blumen, aber selten. Mit den vordern Beinen, die besonders gestaltet, und nur eine Klaue haben, haschet oder fänget es kleinere Insecten, und hält sie damit fest, bis sie dieselben ausgesogen und getödtet hat.

482 Cimex bidens. Der Zweezahn. Lin. 23.
Bey uns nicht selten auf Blumen.

483 Cimex rufipes. Der Rothfuß. Lin. 24.
Schaeff. Ratisb. t. 57. f. 6.
Müller Naturs. t. 11. f. 12.
Bey uns ziemlich gemein, auf verschiedenen Pflanzen.

484 Cimex marginatus. Saumwanze. Lin. 28.
Bey uns nicht selten auf verschiedenen Pflanzen.

485 Cimex haemorrhoidalis. Der Rotharsch. L. 35.
Sulz. Kennz. t. 11. f. 72.
Bey uns selten.

486 Cimex baccarum. Die Beerenwanze. Lin. 45.
Schaeff. Ratisb. t. 57. f. 1. 2.
Auf allen Arten von Stauden und Bäumen gemein.

487 Cimex juniperinus. Die Wachholderwanze. L. 48.
Schaeff. Ratisb. t. 46. f. 1. 2.
Nicht selten auf den Wachholderstauden.

488 Cimex prasinus. Graswanze. Lin. 49.
Bey uns nicht selten.

489 Cimex caeruleus. Die Blauwanze. Lin. 50.
Schaeff. Ratisb. t. 51. f. 4.
Auf Blumen, aber selten.

491 Cimex Morio. Die Schwarze. Lin. 51.
Schaeff. Ratisb. t. 82. f. 6.
Sulz. Kennz. t. 11. f. 77.
Bey Zürich selten; im Wallis gemein; in Bündten. Dr. Amstein.

492 Cimex oleraceus. Gemüßwanze. Lin. 33.
Schaeff. Ratisb. t. 46. f. 4. 5. 6.
In den Gärten ziemlich gemein.

493 Cimex biguttatus. Der Zweytropf. L. 54.

II. Claß der Inſecten.

Bey uns etwas ſelten.
494 Cimex bicolor. Doppelfarbigte. Lin. 55.
Bey uns etwas ſelten.
495 Cimex ornatus. Die Gezierte. Lin. 56.
  Sulz. Kennz. t. 11. f. 73.
  Schaeff. Ratisb. t. 60. f. 10.
Auf Diſteln, aber ſelten.
496 Cimex feſtivus. Die Bunte. Lin. 57.
In ſumpfichten Wieſen, findet man oft ſehr viele dieſer Art bey einander.
497 Cimex ruber. Die Rothe. Lin. 58.
Im Veltlein.
498 Cimex acuminatus. Lin. 59.
Bey uns ſehr ſelten.
499 Cimex perſonatus. Die Fliegenwanze. L. 64.
  Friſch. 10. t. 20.
  Sulz. Kennz. t. 1*. f. 74.
  Geoff. 2. t. 9. f. 3.
Nicht ſelten in den Häuſern.
500 Cimex anulatus. Die Ringelwanze. Lin. 71.
  Schaeff. Ratisb. t. 5. f. 9. 10. 11.
Im Veltlein und Walliß.
501 Cimex geticus. Lin. 73.
  Schaeff. Ratisb. t. 13. f. 5.
Nicht ſelten in der Schweiz.
502 Cimex Hyoſcyami. Biſſemwanze. Lin. 76.
  Sulz. Kennz. t. 11. f. 75.
Nicht ſelten auf dem Bilſenkraut.
503 Cimex equeſtris. Lin. 77.
  Schaeff. elem. t. 44. f. 2.
  — Ratisb. t. 48. f. 8.
Bey uns ein wenig ſelten.
504 Cimex apterus. Die Blinddecke. Lin. 78.
  Geoff. 1. t. 9. f. 4.
Bey uns ſehr gemein, und hauffenweis am Fuß groſſer Bäume, die an unbeſchatteten Orten ſtehen, anzutreffen.

Ich habe nie keine geflügelte unter ihnen finden können.
506 Cimex ſaxatilis. Steinwanze. Lin. 81.
Nicht ſelten in ſteinichten dürren Orten.
507 Cimex pabulinus. Lin. 83.
Bey uns ſelten.
508 Cimex pratenſis. Wieſenwanze. Lin. 86.
In den Wieſen, nicht ſelten.
509 Cimex campeſtris. Feldwanze. Lin. 87.
Im Felde, nicht ſelten.
510 Cimex Pini. Fichtenwanze. Lin. 96.
  Schaeff. Ratisb. t. 42. f. 12.
In Bündten. Dr. Amſtein.
511 Cimex Rolandri. Der Zweyſteck. Lin. 88.
  Sulz. Kennz. t. 11. f. 76.
  Schaeff. Ratisb. t. 87. f. 7.
Bey Zürich und in Bündten.
512 Cimex laevigatus. Der Glattrücken. L. 101.
Bey Zürich; ſelten.
513 Cimex virens. Lin. 102.
Bey Zürich; ſelten.
514 Cimex Abietis. Die Tannenwanze. L. 115.
Auf den Tannen; über den Winter kriechen ſie unter die Schuppen der Zapfen.
515 Cimex lacuſtris. Die Najade. Lin. 117.
  Sulz. Kennz. t. 11. f. 76.
Auf allen ſtillſtehenden Waſſern gemein.
516 Cimex ſtagnorum. Die Nadelwanze. L. 118.
An gleichen Orten wo die vorhergehende.
517 Cimex vagabundus. Der Schwermer. L. 119.
  Friſch 7. t. 6.
Auf den Bäumen ſelten.
518 Cimex Tipularius. Die Schnackenartige. L. 120.
  Friſch. 7. t. 20.
Auf Bäumen; ſehr ſelten.
*519 Cimex linearis. Geoffr. 1. p. 458. n. 47.
Im Walliß, bey Sitten (au Tourbillon).

Hemiptera. Mit Affterflügeldecken, oder Sauger.

Aphis. Pflanzenlaus.

520 Aphis Ribis. Johannisbeerlaus. Lin. 1.
   Frisch. 11. t. 14.
   Auf den Johannisbeerstauden.
521 Aphis Ulmi. Ulmenlaus. Lin. 2.
   Geofr. 1. t. 10. f. 3.
   Auf den Blättern der Ulmenbäume.
522 Aphis Sambuci. Hollerlaus. Lin. 4.
   Auf den Blättern und Aesten der Hollunder-
   Stauden.
523 Aphis Rosae. Rosenlaus. Lin. 9.
   Sulz. Kennz. t. 12. f. 79.
   Auf den Rosenstauden.
524 Aphis Brassicae. Kohllaus. Lin. 12.
   Frisch. 11. platte III. f. 15.
   Auf dem Kohl.
525 Aphis Tiliae. Lindenlaus. Lin. 11.
   Frisch. 11. t. 17. Müller Naturs. t. 12. f. 3. 4.
   Auf Lindenbäumen.
526 Aphis Betulae. Birkenlaus. Lin. 21.
   Auf der Birken.
527 Aphis Fagi. Buchenlaus. Lin. 23.
   Auf den Blättern der Buchen.
528 Aphis Roboris. Eichenlaus. Lin. 22.
   Auf den gemeinen Eichbäumen.
529 Aphis Salicis. Weidenlaus. Lin. 26.
   Auf allen Arten Weiden.
530 Aphis bursaria. Beutellaus. Lin. 29.
   Müller Naturs. t. 12. f. 6.
   Auf den Schwarzpappeln sehr gemein.

Chermes. Blattsauger.

531 Chermes Buxi. Baxsauger. Lin. 7.
   Müller Naturs. t. 12. f. 7. 8.
   An den äussersten Aesten des Buxes sehr gemein.

532 Chermes Alni. Erlensauger. Lin. 10.
   Sulz. Kennz. t. 12. f. 80. c. f. g.
   Auf den Erlen sehr gemein.
533 Chermes Abietis. Tannensauger. Lin. 13.
   Frisch. 12. p. 10. t. 2. f. 3.
   In den äussersten jungen Zweigen der Tanne
   sehr gemein.
534 Chermes Fraxini. Eschensauger. Lin. 15.
   Auf den Eschen.

Coccus. Schildlaus.

535 Coccus Hesperidum. Pomeranzenlaus. Lin. 1.
   Sulz. Kennz. t. 12. f. 81. k. l. m. n. o.
   Auf Citronen und Pomeranzenbäumen oft sehr
   häufig.
536 Coccus Betulae. Birkenschildlaus. Lin. 7.
   Schaeff. Ratisb. t. III. f. 4?
   Auf den Birken.
537 Coccus Coryli. Haselschildlaus. Lin. 10.
   Auf Haselstauden.
538 Coccus Tiliae. Lindenschildlaus. Lin. 11.
   Auf der Linde.
539 Coccus Salicis. Weidenschildlaus. Lin. 15.
   Auf Weiden.
540 Coccus Vitis. Weinstockschildlaus. Lin. 16.
   Auf der Weinrebe.

Thrips. Blasenfuß.

541 Thrips Physapus. Schwarzer. Lin. 1.
   Schaeff. elem. t. 128.
   Auf Blumen; nicht selten.
542 Thrips fasciata. Bandirter. Lin. 5.
   Sulz. Kennz. t. 7. f. 48. b.
   Auf Blumen; etwas selten.

III. Claß der Insecten.

Lepidoptera. Mit bestäubten Flügeln, oder Schmetterlinge.

Papilio. Tagvogel.

No.
543 Papilio Machaon. Der Schwalbenschwanz. L. 33.
  Harris. t. 36. f. f. 9.
  Frisch. 2. t. 10. Sulz. Kennz. t. 13. f. 82.
  Roesel 1. pap. 2. t. 1.
  Schaeff. Ratisb. t. 45. f. 1. 2.
  Die Raupe ist bey uns ziemlich gemein auf dem Dill, Fenchel, besonders aber auf dem gelben Rübenkraut.

544 Papilio Podalirius. Der Segelvogel. Lin. 36.
  Schaeff. Ratisb. t. 45. f. 3. 4.
  Roesel 1. pap. 2. t. 2.
  Poda inf. 62. t. 2. f. 1.
  Die Raupe ist bey uns ziemlich gemein auf dem Schwarzdorn. (Prunus spinosa.)

545 Papilio Apollo. Der rothe Augenspiegel. L. 50.
  Sulz. Kennz. t. 13. f. 83.
  Roesel tom. 3. t. 45. f. 1. 2.
  Schaeff. monogr. 1754. t. 2. f. 2. 3.
  Schaeff. elem. t. 94. f. 6.
  ―――― Ratisb. t. 36. f. 4. 5.
  Auf dem Lägerberg bey Zürich, dem Salève Berg bey Genf, dem Jura, im Wallis bey Sitten, (au Tourbillon) in Bündten etc. Samen. W.

546 Papilio Crataegi. Der Baumweißling. Lin. 72.
  Frisch. 5. t. 5.
  Roesel tom. 1. pap. 2. t. 3.
  Harris. t. 9. f. i. k.
  Die Raupe lebt gesellig auf den Obstbäumen, dem Weißdorn etc. sehr gemein.

No.
547 Papilio Brassicae. Der Kohlweißling. Lin. 75.
  Roesel tom. 1. pap. 2. t. 4.
  Schaeff. Ratisb. t. 140. f. 4. 5.
  Die Raupe hält sich bey uns auf allen Arten von Kohl sehr häufig auf, und verderbet denselben oft gänzlich.

548 Papilio Rapae. Der Rübenweißling. Lin. 76.
  Roesel tom. 1. pap. 2. t. 5.
  Die Raupe ist ziemlich gemein auf dem Kraut der weißen Rüben, auch auf dem Kohl und den gelben Rittersporren. (Tropaeolo.)

549 Papilio Napi. Die Grünader. Lin. 77.
  Merian europ. 2. t. 39.
  Albin. inf. t. 52. f. F. G.
  Bey uns nicht selten in den Wäldern.

550 Papilio Sinapis. Der Senfweißling. Lin. 79.
  Schaeff. Ratisb. t. 97. f. 8. 9. 10. 11.
  Harris. t. 19. f. t.
  Auf Wiesen und Viehweiden nahe bey Wäldern nicht selten.

551 Pap. Daplidice. Lin. 81.
  Schaeff. Ratisb. t. 79. f. 2. 3.
  Bey Zürich selten; im Wallis, in Bündten.

552 Papilio Cardamines. Die Aurora. L. 85.
  Harris t. 32. f. g. h.
  Roesel tom. 1. pap. 2. t. 8.
  Schaeff. elem. t. 94. f. 8.
  Auf Wiesen und Feldern im Frühjahr nicht selten.

III. Claß der Insecten. *Lepidoptera.* Mit bestäubt. Fl. oder Schm.

No.		
553	Papilio Palaeno? Der Silberpunct.	L. 99.

Schaeff. Ratisb. t. 149. f. 4. 5.
Bey uns auf den Wiesen gemein.

554 Papilio Hyale. Der Pomeranzenvogel. L. 100.
Roesel 3. t. 46. f. 4. 5.
Schaeff. Ratisb. t. 149. f. 1. 2. 3.
Ebenfalls auf Wiesen und Viehweiden nicht selten.

555 Papilio Rhamni. Der Citronenvogel. L. 106.
Roesel 3. t. 46. f. 1. 2. 3.
Sulz. Kennz. t. 13. f. 84.
Die Raupe ist sehr gemein auf den Blättern des Faulbaums (Rhamnus Frang.) der Vogel aber auf Wiesen und Feldern.

556 Papilio Hyperantus. Lin. 127.
Harris. t. 35. f. h.
Schaeff. Ratisb. t. 127. f. 1. 2.
In den Wiesen sehr gemein.

557 Papilio Jo. Das Tagpfauenaug. Lin. 131.
Roesel 1. pap. 1. t. 3.
Harris t. 8. f. i. k.
Schaeff. Ratisb. t. 94. f. 1. 2.
Die Raupe findet sich auf den Nesseln, meistens in grosser Menge.

558 Papilio Maera. Lin. 141.
Schaeff. Ratisb. t. 58. f. 2. 3.
In den Wäldern auf Grasplätzen nicht selten.

559 Papilio Megera. Lin. 142.
Schaeff. Ratisb. t. 148. f. 3. 4.
Harris. t. 27. f. e. f. g.
Wo der vorhergehende, nicht selten.

560 Papilio Aegeria. Lin. 143.
Harris. t. 41. f. h. i. k.
Roesel 4. t. 33. f. 3. 4.
Schaeff. Ratisb. t. 71. f. 1. 2.
In den Wiesen und Wäldern nicht selten.

561 Papilio Ligea. Der Milchfleck. Lin. 144.
Schaeff. Ratisb. t. 183. f. 2. 3.

In den Wäldern sehr gemein.

562 Papilio Galathea. Das Brettspiel. L. 147.
Schaeff. Ratisb. t. 98. f. 7. 8. 9.
Roesel 3. t. 37. f. 1. 2.
Harris. t. 11. f. i. k. l.
Auf den Wiesen und Vieweiden sehr gemein.

563 Papilio Semele. Lin. 148.
Roesel 3. pag. 27. t. 34. f. 5. 6. var.
In Wäldern nicht selten.

564 Papilio Hermione. Lin. 149.
Müller Naturs. 19. f. 3.
Roesel 4. t. 27. f. 3. 4.
Schaeff. Ratisb. t. 82. f. 1. 2.
In den Wäldern, bey uns nicht selten.

565 Papilio Phaedra. Das Blauaug. Lin. 150.
Roesel add. t. 19. f. 1, 2.
Auf dem Uetliberg bey Zürich, sonst auch in den Wäldern nicht selten.

566 Papilio Dejanira. Lin. 154.
Rösel 4. t. 33. f. 1, 2.
In den hiesigen Wäldern nicht selten.

567 Papilio Iurtina. Lin. 155.
Harris. t. 32. f. c. d.
Rösel 3. t. 34. f. 7, 8.
Auf Wiesen und in offenen Wäldern sehr gemein.

568 Papilio Janira. Lin. 156.
An gleichen Orten wo der vorhergehende.

569 Papilio Cardui. Der Distelvogel. Lin. 157.
Rösel 1. pap. 1. t. 10.
Harris. t. 11. f. e, f.
Die Raupe lebt auf den Disteln.

570 Papilio Iris. Der Schielervogel. Lin. 161.
Rösel 3. t. 42.
Sulz. Kennz. t. 14. f. 86. a.
Schaeff. Ratisb. t. 152. f. 1, 2, 3. var.
Die Raupe lebt auf den Wollweiden. Der Vogel fliegt gerne nahe bey Wäldern herum.

571 Papilio Populi. Der Pappelvogel. Lin. 162.

III. Claß der Insecten.

Rösel 3. t. 33. f. 1, 2.
Schaeff. Ratisb. t. 40. f. 8, 9.
Die Raupe nähret sich von den Zitterpappel; bey uns etwas selten. Bern, Wyttenbach.

572 Papilio Antiopa. Der Trauermantel. Lin. 165.
Schaeff. elem. t. 94. f. 8.
—— Ratisb. t. 70. f. 1, 2.
Roesel 1. pap. 1. t. 1.
Sulz. Kennz. t. 14. f. 85.
Die Raupe hält sich bey uns auf den Weiden auf.

573 Papilio Polychloros. L. 166.
Frisch 6. t. 3.
Roesel 1. pap. 1. t. 2.
Schaeff. Ratisb. t. 146. f. 1, 2.
Auf den Kirschbäumen und Weiden lebt die Raupe in Gesellschaft.

574 Papilio Urticae. Der Nesselvogel. Lin. 167.
Roesel 1. pap. 1. t. 4.
Schaeff. elem. t. 42. f. 1, 2.
Der gemeinste von allen Tagvögeln.

575 Papilio C. album. Der C Vogel. Lin. 63.
Frisch 4. t. 4.
Roesel 1. pap. 1. t. 5.
Schaeff. Ratisb. t. 147. f. 3, 4.
Die Raupe wohnt auf den Nesseln, der Johannisbeerstauden und den Hopfen.

576 Papilio Atalanta. Der Admiral. Lin. 175.
Roesel 1. pap. 1. t. 6.
Schaeff. Ratisb. t. 148. f. 1, 2.
Auf den Nesseln nicht selten; häufig um Lauf. Wytb.

577 Papilio Sibilla. Der Schleyer. Lin. 186.
Drury 2. t. 16. f. 1, 2.
Roesel 3. t. 70. f. 1, 2, 3.
Schaeff. Ratisb. t. 153. f. 1, 2.
Bey uns in den Wäldern ziemlich gemein. Die Raupe nähret sich von den Blättern der Heckenkirschen (Lonic. Xylost.)

578 Papilio Camilla. Lin. 187.
Bey uns sehr selten, bey Bern gemeiner. Wyttenbach.
Ich finde diesen Tagvogel nirgends abgebildet, und halte den in Rösel tom. 3. t. 33. f. 3, 4. abgebildeten nur für ein abgewischtes etc. exemplar von dem obigen. Es ist schwer, durch Beschreibung, ohne Abbildung diese beiden von einander zu unterscheiden, ob gleich beider Raupen sehr von einander unterschieden sind.

579 Papilio Rumina.
Roesel 4. t. 7. f. 1, 2.
Schaeff. Ratisb. t. 120. f. 1, 2.
Ward nur einmal bey Luggaris gefunden.

580 Papilio Levana. Lin. 201.
Roesel 1. pap. 1. t. 9. f. 5, 6.
Bey Bern. Wyttenbach.

581 Papilio Prorsa. Lin. 202.
Roesel 1. pap. 1. t. 8. f. 6, 7.
Bey Zürich auf den Nesseln, selten. Zu Bern. Wytt.

582 Papilio Lucina. Lin. 203.
Schaeff. Ratisb. t. 172. f. 1, 2.
Auf trockenen Wiesen und Viehweiden nicht selten.

583 Papilio Maturna. Lin. 204.
An gleichen Oertern.

584 Papilio Cinxia. Lin. 205.
Schaeff. elem. t. 1. f. 9.
Bey uns nicht selten.

585 Papilio Dia. Lin. 207.
Roesel add. t. 40. f. A, B.
Bey uns nicht selten.

586 Papilio Paphia. Der Silberstrich. Lin. 209.
Roesel 1. pap. 1. t. 7.
Schaeff. elem. t. 94. f. 2.
In den Wäldern nicht selten.

587 Papilio Aglaja. Der große Perlvogel. Lin. 211.
Roesel 4. t. 25.
Schaeff. Ratisb. t. 7. f. 1, 2.

Lepidoptera. Mit bestäubten Flügeln, oder Schmetterlinge.

Auf trockenen Wiesen nicht selten.
588 Papilio Adippe. Lin. 212.
 Bey uns etwas selten.
589 Papilio Lathonia. Der kleine Perlenvogel. L. 213.
 Schaeff. Ratisb. t. 143. f. 1, 2.
 Rösel 3. t. 10.
 Bey uns ziemlich gemein auf Wiesen.
590 Papilio Euphrosyne. Lin. 214.
 Bey uns etwas selten, in Bündten. D. Amstein.
591 Papilio Betulae. Der Nierenfleck. Lin. 220.
 Rösel 1. pap. 2. t. 6.
 Auf den Birken, etwas selten.
592 Papilio Pruni. Lin. 221.
 Rösel 1. pap. 2. t. 7.
 Schaeff. elem. t. 94. f. 5.
 Auf den Pflaumenbäumen, etwas selten.
593 Papilio Quercus. Lin. 222.
 Rösel 1. pap. 2. t. 9.
 Harris. insc. t. 10. f. d. e.
 Bey uns sehr selten. Auch zu Bern selten. Wyttb.
* 594 Papilio Coluteae.
 Geoffr. 2. pag. 57. n. 25.
 Auf unsrer Tafel Fig. 2, 2.
 Im untern Wallis, (auf der Colutea arboresc.)
595 Papilio Echion. Lin. 224.
 Rösel add. t. 7. f. 3, 4.
 Bey Basel.
596 Papilio Arion. Lin. 230.
 Rösel 3. t. 45. f. 3, 4.
 Bey uns etwas selten.
597 Papilio Argus. Der Aengler. Lin. 232.
 De Geer inf. 1. t. 4. f. 14, 15.
 Rösel 3. t. 37. f. 5.
 Schaeff. Ratisb. t. 29. f. 3, 4.
 ——— t. 168. f. 6, 7.
 Auf Wiesen und Heldern sehr gemein.
598 Papilio Argiolus. Der Bläuling. Lin. 234.
 Schaeff. Ratisb. t. 185. f. 1, 2.

 Rösel 3. t. 37. f. 3, 4.
 Bey uns nicht selten.
* 599 Papilio minimus.
 Schaeff. Ratisb. t. 165. f. 1, 2.
 Der kleinste aller bekannten Tagvögel. — Die Flügel sind oben ganz einfärbig, schwarzbraun; unten grau mit einem Bande schwarzer Punkte wie beym vorhergehenden, — daß dieser der Pap. argiolus Linnaei nicht seyn, zeiget gleich die schwarzbraune Farbe die die Flügel oben haben, da hingegen die des vorhergehenden blau mit einem schwarzen Rande ist.
 Bey uns nicht selten in den Straßen nahe bey Wäldern.
600 Papilio Rubi. Der Grünling. Lin. 237.
 Schaeff. Ratisb. t. 29. f. 5, 6.
 Bey uns nicht gar selten. Bern.
601 Papilio Pamphilus. Das Einaug. Lin. 239.
 Schaeff. Ratisb. t. 164. f. 2, 3.
 Auf allen Wiesen sehr gemein.
602 Papilio Ascanius. Lin. 242.
 Schaeff. elem. t. 94. f. 3.
 ——— Ratisb. t. 127. f. 4, 5.
 Auf den Wiesen etwas selten.
603 Papilio Tithonus. Das Doppelaug. Lin. Mantiss. alt. p. 537.
 Bey Zürich und Genf nicht selten.
* 604 Papilio Melampus. Das Rostband.
 Auf unsrer Taf. I Fig. 6.
 Dieser Tagvogel ist von der dritten Größe; der Leib ganz schwarz, haaricht; die Flügel oben und unten braun, mit einem Bande rostfarbiger Flecken, in jedem der Flecken ein schwarzer Punkt.
 Auf den Bündtner und Glarner Alpen nicht selten.
 Ich habe von Hrn. D. Amstein aus Bündten einen Tagvogel erhalten, der diesen fast gleich

III. Claß der Insecten.

kommt, deſſen Unterflügel oben auf der untern Seite aſchgrau ſind. — Vielleicht ſind dieſe beide nur durch das Geſchlecht von einander unterſchieden.

605 Papilio Phlaeas. Lin. 252.
Im Veltlein und Wallis. Er iſt größer als die zwey folgenden.

606 Papilio Virgaureae. Lin. 253.
Poda. inf. 78. n. 49. v. t. 2. f. 9.
Röſel 3. t. 45. f. 5, 6.
Schaeff. Ratisb. t. 143. f. 3, 4.
Auf den Wieſen nicht ſelten.

607 Papilio Hippothoe. Der Feuervogel. Lin. 254.
Röſel 3. t. 37. f. 6, 7.
Schaeff. Ratisb. t. 97. f. 7.
Im Veltlein.

608 Papilio Comma. Das Comma. Lin. 256.
Bey uns nicht ſelten.

609 Papilio Malvae. Das Malvenvögelein. Lin. 267.
Röſel 1. pap. 2. t. 10.
Schaeff. Ratisb. t. 162. f. 1.
Die Raupe wohnt auf den Käſpappel, Eibiſchkraut, Saatroſe ꝛc. Der Vogel iſt in den Wieſen ziemlich gemein.

610 Papilio Tages. Lin. 268.
Bey uns nicht ſelten.

Sphinx. Abendvogel.

611 Sphinx ocellata. Das Pfauaug. Lin. 1.
Röſel 1. phal. 1. t. 1.
Eul. Kenn. t. 15. f. 89.
Schaeff. Ratisb. t. 99. f. 5, 6.
Die Raupe iſt auf Weiden und Apfelbäumen gemein.

612 Sphinx Populi. Die Kreuzmotte. Lin. 2.
Röſel 3. t. 30.
Schaeff. Ratisb. t. 100. f. 5, 6.

Die Raupe wohnt auf Pappeln und Weiden nicht ſelten.

613 Sphinx Tiliae. Die Linden. Lin. 3.
Friſch 7. t. 2.
Röſel 1. phal. 1. t. 2.
Schaeff. Ratisb. t. 100. f. 1, 2.
Die Raupe iſt auf den Linden ſehr gemein, ſelten auf Kirſchbäumen.

614 Sphinx Convolvuli. Der Windigvogel. Lin. 6.
Schaeff. Ratisb. t. 98. f. 1, 2.
Die Raupe wohnt in den Kornfeldern und nähret ſich von Windig; nicht ſelten.

615 Sphinx Ligustri. Der Liguſtervogel. Lin. 8.
Röſel tom. 3. t. 5.
Die Raupe wohnt auf dem Liguſter; etwas ſelten.

616 Sphinx Atropos. Der Tedtenkopf. Lin. 9.
Eul. Kenn. t. 15. f. 88.
Röſel tom. 3. t. 2.
Schaeff. Ratisb. t. 99. f. 1, 2.
Die Raupe nähret ſich von Jaſmin, Erdäpfelkraut, Evonymo, beſonders aber vom Hanf, auf dem bey uns faſt alle Jahr geſunden werden.

617 Sphinx Celerio. Der Phönir. L. 12.
Friſch 13. t. 2.
Röſel 4. t. 8.
In den italiäniſchen Vogteyen.

618 Sphinx Elpenor. Der Weinvogel. Lin. 17.
Röſel 1. phal. 1. t. 4.
Friſch 12. t. 1.
Schaeff. Ratisb. t. 96. f. 4, 5.
Die Raupe iſt ſehr gemein in den Weinbergen, auch oft auf dem Weiderich (Epilobio).

619 Sphinx Porcellus. Das Schweinchen. Lin. 18.
Röſel 1. phal. 1. t. 5.
Die Raupe wohnt auf dem Gallio, bey uns ſelten.

620 Sphinx Euphorbiae. Der Wolfsmilchvogel. L. 19.
Röſel

Lepidoptera. Mit bestäubten Flügeln, oder Schmetterlinge.

Roesel 1. phal. 1. t. 3.
Frisch 2. t. 11.
Schaeff. Ratisb. t. 78. f. 1, 2.
——— ——— 99. f. 3, 4.
Häufig auf der Wolfsmilch.
621 Sphinx Pinastri. Der Fichtenvogel. Lin. 22.
Schaeff. Ratisb. t. 110. f. 1, 2.
Roesel 1. phal. 1. t. 6.
Auf den Fichten, bey uns selten.
622 Sphinx stellatarum. Der Karrenkopf. L. 27.
Schaeff. Ratisb. t. 16. f. 2, 3.
Roesel 1. phal. 1. t. 8.
Nicht selten auf dem Gallio.
623 Sphinx fuciformis. Der Durchsichtige L. 28.
Roesel 3. t. 38. f. 2, 3.
Schaeff. Ratisb. t. 16. f. 1.
——— elem. t. 116. f. 3.
Sulz. Kennz. t. 15. f. 90.
Nicht selten auf der Lonicera.
624 Sphinx apiformis. Der Bienenvogel. Lin. 29.
Schaeff. Ratisb. t. 3. f. 2, 3.
Bey Winterthur; sehr selten.
625 Sphinx culiciformis. Mückenvogel. Lin. 30.
Auf Blumen selten.
626 Sphinx Filipendulae. Der Rothfleck. Lin. 34.
Roesel 1. phal. 2. t. 27.
Sulz. Kennz. t. 15. f. 91.
Schaeff. Ratisb. t. 16. f. 6, 7.
Häufig in den Wiesen, auch bis auf die Gletscher. W.
627 Sphinx Phegea. Der Weissfleck. Lin. 35.
Frisch. 6. t. 15.
Schaeff. Ratisb. t. 165. f. 3, 4.
Im Veltlein, Wallis, bey Lugarno.
628 Sphinx caestia. Lin. 37.
Schaeff. Ratisb. t. 80. f. 4, 5.
In Bündten D. Amstein.
629 Sphinx fausta. Lin. 42.
Bey Pfeffers.

630 Sphinx statices. Der Tausendhals. Lin. 47.
Schaeff. Ratisb. t. 1. f. 9.
Nicht selten in Wiesen und Feldern auf Blumen.

Phalaena. Nachtvogel.

631 Phalaena Pavonia. Der grosse Nachtpfau L. 7.
Roesel 4. t. 16, 17.
Bey Genf, Roche, in Wallis, Veltlein, besonders aber in den italiänischen Vogteyen gemein. Im ganzen Pays-de-Vaud. Wyttenbach.
632 Phalaena Pavoniella. Der kleine Nachtpfau.
Geoffr. 2. t. 12. f. 1, 2, 3.
Roesel 1. phal. 2. t. 5.
Schaeff. elem. t. 98. f. 2.
——— Ratisb. t. 98. f. 2, 3, 4, 5.
Sulz. Kennz. t. 16. f. 92.
In der Schweiz nicht selten.
633 Phalaena Tau. Der T. Vogel. Lin. 9.
Roesel 4. t. 7. f. 3, 4.
Schaeff. Ratisb. t. 85. f. 4, 5, 6.
Die Raupe wohnt nicht selten auf der Linde und Birke.
634 Phalaena mundana. Die Dachmotte. Lin. 17.
Schaeff. Ratisb. t. 159. f. 6, 7.
Bey uns nicht selten in den Häusern unter den Dächern die mit Holzziegeln bedeckt sind — die Raupe, die braun und haaricht ist, nährt sich von dem Steinmoos, der sich gewöhnlich auf alten Ziegeln ansetzt.
636 Phalaena quercifolia. Das Eichenblatt. L. 18.
Sulz. Kennz. t. 16. f. 93.
Roesel 1. phal. 2. t. 41.
Frisch. 3. Platte 3. f. 1.
Schaeff. Ratisb. t. 71. f. 4, 5.
Um Bern ziemlich oft. Wyttenbach.
637 Phalaena ilicifolia. Das Stechpalmenblatt. L. 19.
De Geer inf. 1. t. 14. f. 7, 9.

E

III. Claß der Insecten.

Bey uns sehr selten.
638 Phalaena Rubi. Der Vielfraß. Lin. 21.
  Roesel 3. t. 49.
  Schaeff. Ratisb. t.
  Die Raupe ist bey uns sehr gemein und frißt fast alle Arten Bäume Blätter und Grasarten.
639 Phalaena Pruni. Der Zischschwanz. Lin. 22.
  Roesel 1. phal. 2. t. 36.
  Schaeff. Ratisb. t. 60. f. 6. 7.
  Bey uns etwas selten.
640 Phalaena potatoria. Der Trinker. Lin. 23.
  Roesel 1. phal. 2. t. 2.
  Schaeff. Ratisb. t. 67. f. 10. 11.
  Bey uns sehr gemein — die Raupe wohnt im Grase.
641 Phalaena Pini. Die Fichteneule. Lin. 24.
  Frisch. 10. t. 10.
  Roesel 1. phal. 2. t. 59.
  Schaeff. Ratisb. t. 86. f. 1. 2. 3.
  Auf den Fichten, bey uns selten.
642 Phalaena Quercus. Der Heckenkriecher. L. 25.
  Roesel 1. phal. 2. t. 35. b. f. 4. 5. 6.
  Schaeff. Ratisb. t. 87. f. 1. 2. 3.
  Die Raupe hält sich bey uns meistens in den Dornhecken auf; sie frißt fast alle Arten Stauden und Baumblätter; sehr gemein.
643 Phalaena Dumeti? Die Grasmotte. Lin. 26?
  Roesel 1. phal. 2. t. 35. a. f. 4. 5.
  Die Raupe hält sich immer im Grase auf, und nährt sich von dem Schmalgräsern, Roesel hat die Raupen dieser beyden Nachtvögel verwechselt, so, daß die Raupe und Puppe des Heckenkriechers auf der t. 35. a. Fig. 1. 2. 3. die aber der Grasmotte auf t. b. f. 1. 2. 3. vorkommen.
644 Phalaena Catax. Lin. 27.
  Roesel 3. t. 71. f. 1. 2. 3. a.
  ——— 4. t. 34. f. a. b.
  Bey uns nicht selten.

646 Phalaena lanestris. Der Wollenaster. L. 28.
  Roesel 1. phal. 2. t. 62.
  Schaeff. Ratisb. t. 38. f. 10. 11.
  Bey uns sehr gemein.
647 Phalaena Vinula. Der Gabelschwanz. L. 29.
  Frisch. 6. t. 8.
  Roesel 1. phal. 2. t. 19.
  Auf Pappeln und Weiden sehr gemein.
648 Phalaena Fagi. Lin. 30.
  Roesel 3. t. 12.
  Bey uns selten auf Haselstauden.
649 Phalaena bucephala. Der Gelbkopf. Lin. 31.
  Frisch 11. t. 4.
  Roesel 1. phal. 2. t. 14.
  Bey uns häufig, auf Linden, Weiden, Birken rc.
650 Phalaena versicolora. Die Buntmotte. Lin. 32.
  Roesel 3. t. 39. f. 3.
  Auf Birken und Haselstauden selten.
651 Phalaena Mori. Die Seidenmotte. Lin. 33.
  Roesel 3. t. 7. 8.
  Wird in verschiedenen Gegenden der Schweiz gezogen.
652 Phalaena Populi. Der Pappelvogel. Lin. 34.
  Roesel 1. phal. 2. t. 60.
  Auf den Pappeln.
653 Phalaena Neustria. Die Ringelmotte. Lin. 35.
  Frisch 1. t. 2.
  Roesel 1 phal. 2. t. 6.
  Auf allen Arten von Bäumen und Stauden sehr gemein.
654 Phalaena castrensis. Die Lagermotte. Lin. 36.
  Frisch 10. t. 8.
  Roesel 4. t. 14.
  Bey uns selten.
655 Phalaena processionea. Die Processionsm. L. 37.
  Reaum. ins. 2. t. 11.
  Auf den Eichen in manchen Jahren häufig.
656 Phalaena Caja. Die braune Bärenmotte. L. 38.

Lepidoptera. Mit bestäubten Flügeln, oder Schmetterlinge.

Schaeff. Ratisb. t. 29. f. 7. 8.
Frisch 2. t. 9.
Roesel 1. phal. 2. t. 1.
Sult. Kennz. t. 16. f. 94.
Bey uns sehr gemein; die Raupe frißt allerley grünes.

657 Phalaena villica. Die schwarze Bärenmotte. L. 41.
Frisch 10. t. 2.
Roesel 4. t. 28. f. 2. et t. 29. f. 1-4.
Im Vettlein nicht selten.

658 Phalaena Plantaginis. Die spanische Fahne. L. 42.
Roesel 4. t. 24. f. 9. 10.
Schaeff. Ratisb. t. 92. f. 5. 6. 7.
Bey uns sehr selten.

659 Phalaena Monacha. Die Nonne. Lin. 43.
Roesel add. t. 33. f. 1-6.
Schaeff. Ratisb. t. 68. f. 2-5.
Bey uns selten.

660 Phalaena dispar. Der Großkopf. Lin. 44.
Frisch 1. t. 3.
Roesel 1. phal. 2. t. 3.
Schaeff. Ratisb. t. 28. f. 3-6.
Bey uns besonders auf den Obstbäumen sehr häufig und schädlich.
Ich heisse ihn Großkopf, weil die Raupe und nicht der Vogel (wie Herr Müller angiebt) einen besonders großen Kopf hat.

661 Phalaena chrysorrhoea. Der Goldafter. L. 45.
Roesel 1. phal. 2. t. 22.
Schaeff. Ratisb. t. 131. f. 1. 2.
Auf den Hecken und in den Baumgärten sehr gemein. Lebt in Gesellschaft.

*662 Phalaena similis. Der Schwan.
Frisch 3. t. 1?
Roesel 1. phal. 2. t. 21.
Auf dem Schwarzdorn und Obstbäumen ziemlich gemein. Lebt niemals gesellschaftlich unter einem Gespinst wie die vorhergehenden.

663 Phalaena Salicis. Der Ringelfuß. Lin. 46.
Frisch 1. t. 4.
Roesel 1. phal. 2. t. 9.
Auf Weiden und Pappeln, in manchen Jahren sehr häufig, in manchen selten.

664 Phalaena Mendica. Der Bettler. Lin. 47.
Bey Genf. De Saussure.

665 Phalaena Crataegi. Die Derneule. Lin. 48.
De Geer inf. 1. t. 11. f. 20. 21.
Auf dem Weißdorn (Crataego), selten.

666 Phalaena atra. Die Möhrin. Lin. 49.
Bey uns sehr selten.

667 Phalaena Coryli. Die Haselmotte. Lin. 50.
Roesel 1. phal. t. 2. 58.
Auf den Haselstauden, selten.

668 Phalaena Furcula. Der Doppelschwanz. L. 51.
Auf Weiden und Pappeln etwas selten. Die Raupe ist gestaltet wie No. 547.

669 Phalaena Curtula. Lin. 52.
Frisch 5. t. 6.
Roesel 3. t. 43.
——— 4. t. 11. f. 1-6.
Auf Weiden und Pappeln nicht selten.

670 Phalaena Anastomosis. Lin. 53.
Roesel, phal. 2. t. 26.
Auf Pappeln und Weiden nicht selten.

671 Phalaena pudibunda. Der Rothschwanz. L. 54.
Schaeff. Ratisb. t. 44. f. 9. 10.
Roesel 1. phal. 2. t. 38.
Auf Buchen, Eichen und Nußbäumen nicht selten.

672 Phalaena fascelina. Die Bürstenmotte. L. 55.
Roesel 1. phal. 2. t. 37.
Auf dem Weißdorn, etwas selten.

673 Phalaena antiqua. Der Lastträger. Lin. 56.
Roesel 1. phal. 2. t. 39.
——— 3. t. 13.

III. Claß der Insecten.

Auf Weiden, Birken und Pappeln nicht selten.
674 Phalaena gonostigma. Der Eckfleck. L. 57.
  Roesel 1. phal. 2. t. 40.
  Auf verschiedenen Bäumen und Stauden nicht selten.
675 Phalaena tremula. Der Zahnflügel. Lin. 58.
  Auf der Zitterpappel nicht selten.
676 Phalaena caeruleocephala. Blaukopf. L. 59.
  Frisch 10. t. 3.
  Roesel 1. phal. 2. t. 16.
  Bey uns sehr häufig in den Hecken und Obstbäumen.
677 Phalaena Zienac. Das Zickzack. L. 61.
  Frisch 3. t. 2.
  Roesel 1. phal. 2. t. 20.
  Schaeff. Ratisb. t. 69. f. 2, 3.
  Auf Weiden und Pappeln nicht selten.
678 Phalaena Cossus. Der Holzbohrer. Lin. 63.
  Frisch 7. t. 1.
  Roesel 1. phal. 2. t. 18.
  Schaeff. Ratisb. t. 61. f. 1. 2.
  In den Weiden, Eichen und andern Bäumen häufig. Ist gern im faulen Holz. Wyttenb.
679 Phalaena palpina. Die Schnauzmotte. L. 64.
  De Gueer inf. t. 4. f. 7.
  Der Naturforscher 2. St. pag. 14. t. 1. f. 6.
  Auf den Weiden und Pappeln nicht selten.
680 Phalaena purpurea. Der Purpurbär. Lin. 67.
  Roesel 1. phal. 2. t. 10.
  Schaeff. Ratisb. t. 59. f. 4. 5.
  Bey uns sehr selten.
681 Phalaena lubricipeda. Tiegermotte. L. 69.
  Schaeff. Ratisb. t. 24. f. 8. 9.
  ——— t. 114. f. 2. 3.
  Roesel 1. phal. 2. t. 46. 47.
  Auf verschiedenen Pflanzen sehr gemein.
682 Phalaena Russula. Der Rothbrand. L. 71.
  Schaeff. Ratisb. t. 83. f. 4. 5.

  Roesel add. t. 20.
  Bey uns etwas selten.
683 Phalaena Grammica. Lin. 75.
  Roesel 4. t. 21. f. a. d.
  Schaeff. Ratisb. t. 92. f. 2.
  In den Wiesen nicht selten.
684 Phalaena Libatrix. Die Sturmhaube. L. 78.
  Roesel 4. t. 20.
  Auf den Weiden nicht selten.
685 Phalaena Capucina. Der Capuziner. Lin. 79.
  Bey uns etwas selten.
686 Phalaena camelina. Der Flügelzehe. Lin. 80.
  Roesel 1. phal. 2. t. 28.
  Auf der Linde, etwas selten.
687 Phalaena Oo. Das doppelte O. Lin. 81.
  Roesel 1. phal. 2. t. 63.
  Bey Bern, nicht gar selten. Wyttenbach.
688 Phalaena Æsculi. Die Punkteule. Lin. 83.
  Schaeff. Ratisb. t. 31. f. 8, 9.
  Bey Genf. Gourgas.
689 Phalaena Humuli. Die Hopfeneule. Lin. 84.
  De Gueer inf. 1. t. 7. f. 5, 6.
  Bey uns etwas selten.
690 Phalaena Hecta. Das Punctband. Lin. 85.
  De Gueer inf. t. 7. f. 12.
  Bey Genf. De Saussure.
691 Phalaena Vitis idaeae.
  Bey Genf. De Saussure.
692 Phalaena Dominula. Die Jungfer. Lin. 90.
  Roesel 3. t. 47.
  Schaeff. Ratisb. t. 77. f. 3, 4.
  Bey uns selten.
693 Phalaena Hera. Die Hausfrau. Lin. 91.
  Roesel 4. t. 28. f. 3.
  Schaeff. elem. t. 10. f. 1.
  ——— Ratisb. t. 29. f. 1. 2.
  Bey Zürich etwas selten, bey Genf gemeiner. Oft im Wallis. Wyttenbach.

Lepidoptera. Mit bestäubten Flügeln, oder Schmetterlinge.

No.
694 Phalaena Matronula. Die Matrone. Lin. 92.
   Roesel 3. t. 39. f. 1. 2.
   Bey Zürich und in Bündten; etwas selten.
695 Phalaena Parthenias. Lin. 94.
   Bey uns sehr selten.
696 Phalaena fuliginosa. Der Zartflügel. Lin. 95.
   Roesel 1. phal. 2. t. 43.
   Schaeff. Ratisb. t. 37. f. 7. 8.
   Bey uns ziemlich gemein; die Raupe hält sich
   meistens im Gras auf.
697 Phalaena Batis. Die Brombeermotte. Lin. 96.
   Roesel 4. t. 26. f. A. B. C.
   Bey uns nicht selten auf den Braunbeerstauden.
698 Phalaena ocularis. Das Weißaug. Lin. 100.
   Die Raupe wohnt auf den Pappelbäumen; nicht
   häufig.
699 Phalaena glyphica. Lin. 105.
   Roesel add. t. 25.
   Schaeff. Ratisb. t. 163. f. 4. 5.
   In den Wiesen nicht selten.
700 Phalaena Mi. Da M. Lin. 106.
   Bey uns nicht selten in den Wiesen.
701 Phalaena pallens. Lin. 107.
   Bey uns selten.
702 Phalaena leporina. Der Weerpunct. Lin. 109.
   De Geer. inf. 1. t. 12. f. 10. 11. 17.
   Etwas selten auf Birken.
703 Phalaena Jacobaeae. Die Jacobs-Motte. L. 111.
   Roesel 1. phal. 2. t. 49.
   Schaeff. elem. t. 98. f. 3.
   ——— Ratisb. t. 47. f. 2. 3.
   Bey uns nicht selten in den Wiesen, die Raupe
   frißt das Jacobskraut.
704 Phalaena rubricollis. Der Rothhals. L. 113.
   Schaeff. Ratisb. t. 59. f. 8. 9.
   Bey uns selten.
705 Phalaena quadra. Der Vierpunct. L. 114.
   Roesel 1. phal. 2. t. 17.

No.
   Schaeff. elem. t. 98. f. 5.
   ——— Ratisb. t. 29. f. 9. 10.
   Bey uns etwas selten. — Bey Bern sehr häufig
   auf den Roßcastanienbäumen. Wettenbach.
706 Phalaena complana. Der Flachflügel. L. 115.
   In Bündten. Dr. Amstein.
707 Phalaena Sponsa. Die Braut. Lin. 118.
   Roesel 4. t. 19.
   Bey uns etwas selten.
708 Phalaena Pacta. Die Verlobte. Lin. 120.
   Roesel 1. phal. 2. t. 15.
   Schaeff. Ratisb. t. 151. f. 1. 2.
   Bey uns etwas selten, auf Weiden und Linden.
709 Phalaena Pronuba. Die Brautjungfer. L. 121.
   Frisch 10. t. 15.
   Roesel 4. t. 32.
   Bey uns nicht selten. Die Raupe wohnt gern
   in den Gärten.
710 Phalaena Paranympha. Brautführerin. L. 122.
   Roesel 4. t. 18. f. 1. 2.
   Bey Winterthur. Schellenberg. Bey Bern.
   Wettenbach.
711 Phalaena fimbria. Der Saumfleck.
   Schreber inf. 12. f. 9.
   Bey uns selten.
712 Phalaena maura. Lin. 124.
   Schaeff. Ratisb. t. 1. f. 5. 6.
   Bey uns etwas selten.
713 Phalaena Fraxini. Das blaue Band. L. 125.
   Roesel 3. t. 28. f. 1.
   Harris. t. 31. f. d. e.
   Bey Zürich, Genf, in Bündten; selten.
714 Phalaena Chrysitis. Die Goldraupe. Lin. 126.
   Schaeff. Ratisb. t. 101. f. 2. 3.
   Bey uns etwas selten. Im Grindelwald. Wyr.
715 Phal. Gamma. Das griechische Gamma. L. 127.
   Schaeff. Ratisb. t. 84. f. 5.
   Frisch. 5. t. 15.

38   III. Claß der Insecten.

No.

Roesel 1. phal. 3. t. 5.
Bey uns sehr häufig. — Die Raupe frißt Kohl,
Spinat und andere Gewächse.

716 Phal. Interrogationis. Das Fragzeichen. L. 129.
Bey uns sehr selten.

717 Phalaena Iota. Das griechische Jota. L. 130.
Bey uns sehr selten.

718 Phalaena meticulosa. Die Scheueule. L. 232.
Roesel 4. r. 9.
De Geer inf. 1. t. 5. f. 14.
Bey uns etwas selten.

719 Phalaena Absinthii. Die Wermuth eule. L. 133.
Frisch. 7. t. 12.
Roesel 1. phal. 2. t. 61.
Bey Bern. Wyttenbach.

720 Phalaena Alni. Das Kolbenhorn. Lin. 134.
De Geer inf. 1. t. 11. f. 23–28.
Bey uns selten auf Linden. Die Raupe ist
schwarz mit gelben Schildern auf dem Rücken,
und mit langen schwarzen Haaren, die am Ende
ein Kölbchen haben, besetzt.

721 Phalaena Psi. Das griechische Psi. Lin. 135.
Frisch. 2. t. 2.
Roesel 1. phal. 2. t. 7. 8.
Bey uns nicht selten, auf Eichen, Apfelbäu-
men und Weiden.

722 Phalaena Chi. Das griechische Chi. Lin. 136.
Roesel 1. phal. 2. t. 13.
Bey uns etwas selten.

723 Phalaena Aceris. Die Gelbzotte. Lin. 137.
Frisch. 1. t. 5.
Roesel add. t. 17. f. 5.
Bey Genf auf den Roßcastanienbäumen häufig.

724 Phalaena aprilina. Der Celadon. Lin. 138.
De Geer inf. t. 5. f. 22. 23.
Schaeff. Ratisb. t. 92. f. 3.
Bey uns etwas selten. Bern. Wyttenbach.

725 Phalaena Persicariae. Lin. 142.

Roesel 1. phal. 2. t. 30.
Bey uns etwas selten.

726 Phalaena ludifica. Lin. 143.
Bey uns selten.

727 Phalaena perspicillaris. Die Brille. Lin. 148.
Nicht selten auf Pappelbäumen.

728 Phalaena umbratica. Der Kappenträger. L. 150.
Roesel 1. phal. 2. t. 25.
Nicht selten in den Gärten unter dem Sallat
und anderm Gemüse.

729 Phalaena exsoleta. Das Moderholz. Lin. 151.
Frisch. 5. t. 11.
Roesel 1. phal. 2. t. 24.
Sulz. Kennz. t. 16. f. 95.
Auf der Weide, Erbsenfeldern etwas selten.

630 Phalaena Verbasci. Die Wollkrauteule. L. 153.
Frisch. 6. t. 9.
Roesel 1. phal. 2. t. 23.
Schaeff. Ratisb. t. 24. f. 6. 7.
Auf dem Wollkraut häufig.

731 Phalaena l. album. Das weiße L. Lin. 154.
Schaeff. Ratisb. t. 92. f. 4.
Bey uns selten.

732 Phal. exclamationis. Das Verwunderungszeichen. L.155.
In Bündten. Dr. Amstein. Bey Genf. De
Saussure. Bey Bern. Wyttenbach.

733 Phalaena comma. Das Häcklein. Lin. 156.
In Bündten. Dr. Amstein.

734 Phalaena plecta. Lin. 157.
Roesel add. t. 23?
Bey uns etwas selten auf Linden.

735 Phalaena Cerasi. Der Achatflügel. Lin. 158.
Der Naturforscher 2tes St. pag. 16. V.
——— t. 1. f. 7.
Bey Zürich und Bern, aber selten.

736 Phalaena gothica. Lin. 159.
Bey uns etwas selten.

737 Phalaena Brassicae. Die Kohleule. Lin. 163.

Lepidoptera. **Mit bestäubten Flügeln, oder** Schmetterlinge.

No.		No.	
	Roesel 1. phal. 2. t. 29.	750	Phalaena vibicaria. Lin. 198.
	Bey uns sehr häufig auf dem Kohl.		Schaeff. Ratisb. t. 12. f. 5?
738	Phalaena Rumicis. Lin. 164.		Bey uns selten.
	Roesel 1. phal. 2. t. 27.	751	Phalaena Thymiaria. Lin. 199.
	Auf verschiedenen Pflanzen, als den Sauerampfer, Flöhkraut ꝛc. gemein.		Frisch. 10. t. 17.
			Bey uns selten.
739	Phalaena Oxyacanthae. Lin. 165.	752	Phalaena amataria. Der Lieblingsmesser. Lin. 201.
	Roesel 1. phal. 2. t. 33.		Reaum. ins. 2. t. 29. f. 1–4.
	Auf dem Schlee- und Weißdorn, etwas selten.		Bey uns etwas selten auf Birken.
740	Phalaena oleracea. Die Krauteule. Lin. 171.	753	Phalaena falcataria. Die Sichelmesser. L. 202
	Frisch. 7. t. 21.		De Geer ins. 1. t. 24. f. 7.
	Roesel 1. phal. 2. t. 32.		Auf Birken nicht selten.
	In den Krautgärten nicht selten.	754	Phalaena Sambucaria. Der Schwanzmesser. L. 203.
741	Phalaena Pisi. Die Hülsineule. Lin. 172.		Roesel 1. phal. 3. t. 6.
	Roesel 1. phal. 2. t. 52.		Schaeff. Ratisb. t. 63. f. 8.
	Auf den Erbsen, Bohnen und andern Hülsenfrüchten nicht selten.		Bey uns etwas selten.
		755	Phalaena lacertinaria. Der Eidechsmesser. L. 204.
742	Phalaena triplacia. Der Dreyhöcker. Lin. 175.		Schaeff. Ratisb. t. 66. f. 2. 3.
	Roesel 1. phal. 2. t. 34.		Auf Birken, nicht selten.
	Auf Nesseln nicht selten.	756	Phalaena Alniaria. Der Fransenmesser. Lin. 205.
743	Phalaena satellitia. Lin. 176.		Roesel 1. phal. 3. t. 1.
	Roesel 3. t. t. 50.		Bey uns selten.
	Bey uns etwas selten.	757	Phalaena Syringaria. Der Gemsemesser. L. 206.
744	Phalaena Tragopagonis. Lin. 177.		Roesel 1. phal. 3. t. 10.
	Bey Genf. De Saussure.		Auf der Lonicera und dem Ligustro nicht selten.
745	Phalera pyramidea. Die Pyramide. Lin. 181.	758	Phalaena dolabraria. Lin. 207.
	Roesel 1. phal. 2. t. 11.		Bey uns sehr selten auf Birken.
	Auf Weiden und Linden nicht selten.	759	Phalaena Prunaria. Lin. 208.
746	Phalaena flavicornis. Das Gelbhorn. Lin. 182.		Schaeff. Ratisb. t. 17. f. 2. 3.
	In Bündten. Dr. Amstein.		In den Wäldern nicht selten.
747	Phalaena leucomelas. Die Elster. Lin. 183.	760	Phalaena Piniaria. Lin. 210.
	Schaeff. Ratisb. t. 51. f. 11. 12.		Reaum. ins. 2. t. 28. f. 6.
	Bey Genf. De Saussure.		In den Wäldern nicht selten.
748	Phalaena typica. Das Netz. Lin. 186.	761	Phalaena clinguaria. Lin. 211.
	Roesel 1. pal. 2. t. 56.		Roesel 1. phal. 3. t. 9.
	Auf den Weiden, selten.		Bey uns selten.
749	Phalaena vernaria. Der Frühlingsmesser. L. 193.	762	Phalaena macularia. Der Fleckling. L. 213.
	Bey uns etwas selten.		Roesel add. t. 14. f. 5.

III. Claß der Insecten.

Schaeff. Ratisb. t. 12. f. 3.
Nicht selten nahe bey Wäldern.

763 Phalaena atomaria. Der Sprenkling. Lin. 214.
Frisch. 13. t. 5.
Auf Linden, sehr selten.

764 Phalaena pulveraria. Der Stäubling. L. 215.
Bey uns etwas selten.

765 Phalaena Betularia. Der Chinese. Lin. 217.
Roesel add. t. 39.
Schaeff. Ratisb. t. 88. f. 4. 5.
Nicht selten auf Weiden, Pappeln und dem Hanf.

766 Phalaena defoliaria. Lin. Mantiss.
Roesel 3. t. 14. form.
— t. 40. f. 6. Mas
Bey uns sehr gemein auf allen Arten von Stauden, Gewächs und Bäumen.

767 Phalaena wauaria. Lin. 219.
Frisch. 3. t. 3.
Roesel 1 phal. 3. t. 4.
Ziemlich gemein auf den St. Johannis- und Krauselbeerstauden.

768 Phalaena Sacraria. Lin. 220.
In Bündten. Dr. Amstein.

769 Phalaena purpuraria. Lin. 221.
Schaeff. Ratisb. t. 19. f. 16.
Bey uns etwas selten.

770 Phalaena pusaria. Lin. 223.
Schaeff. Ratisb. t. 111. f. 7.
In den Wäldern, nicht selten.

771 Phalaena papilionaria. Der Tagmesser. L. 225.
Roesel 4. t. 18. f. 3.
Schaeff. Ratisb. t. 17. f. 1.
Bey uns nicht selten auf Birken.

772 Phalaena viridata. Der Grünflügel. Lin. 230.
Roesel 1. phal. 3. t. 13.
Bey uns nicht selten in den Hecken und Gebüsch.

773 Phalaena repandata. Der Wellenflügel. L. 234.

Bey uns nicht selten auf den Eibenbäumen. (Taxus.)

774 Phalaena Chaerophyllata. Schwarzflügel. L. 237.
Nahe bey Wäldern auf den Schweiden nicht selten.

775 Phalaena clathrata. Der Gitterflügel. Lin. 238.
Nicht selten in den Wäldern im Grase.

776 Phalaena grossulariata. Der Tiger. Lin. 242.
Frisch. 3. t. 2.
Roesel 1. phal. 3. t. 2.
Schaeff. Ratisb. t. 67. f. 1. 2.
Auf den Kranzel- und St. Johannisbeerstauden häufig.

777 Phalaena Crataegata. Der Gelbflügel. Lin. 243.
Schaeff. t. 163. f. 2. 3.
Bey uns etwas selten.

778 Phalaena Populata. Lin. 244.
Auf den Pappelbäumen, etwas selten.

779 Phalaena bilineata. Die güldene Kette. L. 245.
Schaeff. Ratisb. t. 12. f. 13.
Bey uns ziemlich gemein in den Wäldern im Grase.

780 Phal. Chenopodiata. Der gelbe Marmor. L. 246.
Schaeff. Ratisb. t. 76. f. 4. 5.
Bey uns etwas selten; in Bündten.

781 Phalaena plagiata. Lin. 248.
Schaeff. Ratisb. t. 12. f. 1. 2.
Bey uns nicht selten.

782 Phalaena Prunata. Lin. 250.
Frisch. 5. t. 14.
Bey uns etwas selten.

783 Phalaena aversata. Lin. 251.
Bey uns selten.

784 Phalaena tristata. Lin. 252.
Auf Birken nicht selten.

785 Phalaena hastata. Das Spießband. Lin. 254.
Bey uns etwas selten.

786

Lepidoptera. **Mit bestäubten Flügeln, oder Schmetterlinge.**

No.		
786	Phalaena albicillata. Der Weißger.	Lin. 255.

Bey uns etwas selten.

787 Phalaena dealbata. Der Bleicher. Lin. 256.
In den Wäldern nicht selten.

788 Phalaena marginata. Der Braunrand. L. 257.
Sulz. Kennz. t. 16. f. 96.
Nicht selten in Wäldern im Grase.

789 Phalaena ocellata. Das Doppelauge. L. 258.
Bey uns selten.

790 Phalaena fluctuata. Lin. 260.
Frisch. 7. t. 19.
Bey uns etwas selten.

791 Phalaena sordiata. Lin. 262.
Schaeff. Ratisb. t. 164. f. 6. 7?
Bey uns etwas selten; in Bändten. Dr. Amstein.

792 Phalaena succenturiata. Lin. 267.
Roesel 1. phal. 3. t. 7.
Bey uns nicht selten.

693 Phalaena urticata. Der Nesselspanner. L. 272.
Schaeff. Ratisb. t. 119. f. 1. 2.
Roesel 1. phal. 4. t. 14.
Auf den Nesseln häufig.

794 Phal. Nymphaeata. Der Seeblumspanner. L. 274.
Schaeff. Ratisb. t. 189. f. 4. 5.
In Grase an feuchten Orten, nahe bey Seen und Sümpfen.

795 Phal. Potamogata. Der Saamkrautspanner. L. 275.
Schaeff. Ratisb. t. 118. f. 5. 6.
An gleichen Orten, wo der vorhergehende, besonders findet man beide häufig am Kazensee.

796 Phalaena brumata. Der Winterspanner. L. 281.
De Geer inf. inf. 1. t. 24. f. 11—19.
Bey uns nicht selten, doch niemals schädlich.

797 Phalae prasinana. Lin. 282.
Roesel 4. t. 22.
Bey uns selten auf Eichen.

*798 Phalaena bicolorana. Der Weißgrünwickler.
Roesel 4. t. 10.

Geoffr. 2. pag. 172. n. 124.
Bey uns selten auf Eichen.
Linnäus scheint diesen und den vorhergehenden für ein und eben denselben zu halten, da doch die Raupen, sowohl als auch die Vögel so sehr der Farbe nach unterschieden sind; sowohl die Reaumürische als de Geerische Figur, die Lin. bey den vorhergehenden citirt, gehören hieher.

799 Phalaena viridana. Lin. 286.
Frisch. 3. t. 5.
Roesel 1. phal. 4. t. 1.
Sehr häufig auf Eichen.

800 Phalaena clorana. Lin. 287.
Roesel 1. phal. 4. t. 3.
Auf Eichen und Weiden nicht selten.

801 Phalaena literana. Lin. 287.
Bey uns selten im Wallis.

802 Phalaena Zoegana. Lin. 289.
Bey uns selten.

803 Phalaena ameriana. Lin. 298.
Reaum. inf. 2. t. 18. f. 8.
Auf den Weiden nicht selten.

804 Phalaena Lecheana. Lin. 301.
Bey uns selten.

805 Phalaena Christiernana. Lin. 303.
Schaeff. I gensb 1758. t. 2. f. 12.
——— tisb. t. 145. f. 4.
Bey uns sel t.

806 Phalaena Bergmanniana. Lin. 307.
Bey uns selten.

807 Phalaena Hamana. Lin. 308.
In den Diesteln nicht selten.

808 Phalaena farinalis. Lin. 327.
Schaeff. Ratisb. t. 95. f. 8. 9.
In den Häusern nicht selten.

809 Phalaena barbalis. Lin. 329.
Bey uns selten.

III. Claß der Insecten.

No.		
810	Phalaena proboscidalis.	Lin. 331.
	Roesel add. t. 32.	
	Bey uns nicht selten.	
811	Phalaena costalis.	Lin. 232.
	Roesel 1. phal. 4. t. 6.	
	Bey uns selten.	
812	Phalaena sulphuralis.	Lin. 333.
	Schaeff. Ratisb. t. 9. f. 14. 15.	
	Bey uns selten.	
813	Phalaena forficalis.	Lin. 334.
	Schaeff. Ratisb. t. 51. f. 8. 9.	
	auf dem Kohl nicht selten.	
814	Phalaena verticalis.	Lin. 335.
	Roesel 1. phal. 4. t. 4.	
	Auf den Nesseln sehr häufig.	
815	Phalaena pinguinalis.	Lin. 336.
	Nicht selten in den Häusern.	
816	Phalaena pusiella.	Lin. 347.
	Bey Zürich selten; in Bündten. A.	
817	Phalaena Evonymella.	Lin. 350.
	Frisch. 5. t. 16.	
	Roesel 1. phal. 4. t. 8.	
	Sulz. Kennz. t. 16. f. 99.	
	Bey uns sehr häufig auf dem Evonymo.	
818	Phalaena padella.	Lin. 351.
	Roesel 1. phal. 4. t. 7.	
	Häufig auf den Vogelkirschen.	
819	Phalaena irrorella.	Lin. 354.
	In Bündten, Veltlin, Wallis und bey Genf auf der Salèva.	
820	Phalaena mesomella.	Lin. 356.
	In den Wiesen ziemlich gemein.	
821	Phalaena pratella.	Lin. 360.
	Auf Wiesen und Viehweiden.	
822	Phalaena culmella.	Lin. 361.
	Schaeff. Ratisb. t. 145. f. 2. 3.	
	Auf den Viehweiden nicht selten.	
823	Phalaena carnella.	Lin. 363.

No.		
	Bey Zürich auf dem Zürichberg in den Wäldern im Grase nicht selten, auch bey Genf und im Wallis.	
824	Phalaena Salicella.	Lin. 367.
	Roesel 1. phal. 4. t. 9.	
	Auf den Weiden nicht selten.	
825	Phalaena cynosbatella.	Lin. 368.
	Sulz. Kennz. t. 16. f. 97.	
	De Geer ins. 1. t. 34. f. 4. 5.	
	Auf den Rosenstauden nicht selten.	
826	Phalaena foenella.	Lin. 369.
	Bey uns nicht selten auf Wiesen.	
827	Phalaena pellionella.	Lin. 372.
	Roesel 1. phal. 4. t. 17.	
	Im Pelzwerk oft häufig.	
828	Phalaena sarcitella.	Lin. 373.
	Roesel 1. phal. 4. t. 15.	
	In den Kleiderschränken oft häufig.	
829	Phalaena Mellonella.	Lin. 375.
	Roesel 3. t. 41.	
	In den Bienenkörben, im Wachstuch nicht selten.	
830	Phalaena cucullatella.	Lin. 376.
	Roesel 1. phal. 4. t. 11.	
	Auf Bien- und Aepfelblättern häufig.	
831	Phalaena granella.	Lin. 377.
	Roesel 1. phal. 4. t. 12.	
	Auf den Kornböden oft häufig.	
832	Phalaena prolettella.	Lin. 379.
	Reaum. ins. 2. t. 25.	
	Auf der untern Seite des Kohls häufig.	
833	Phalaena tessella.	Lin. 381.
	Bey uns selten.	
834	Phalaena parenthesella.	Lin. 384.
	Auf den Viehweiden nicht selten.	
835	Phalaena Xylostella.	Lin. 389.
	Roesel 1. phal. 4. t. 10.	
	Auf der Lonicera nicht selten.	

Lepidoptera. Mit bestäubten Flügeln, oder Schmetterlinge. 43

No.		
836	Phalaena cinctella.	Lin. 390.
	Bey uns selten.	
837	Phalaena asperella.	Lin. 397.
	Bey uns selten.	
838	Phalaena Pomonella.	Lin. 401.
	Frisch. 7. t. 10.	
	Roesel 1. phal. 4. t. 13.	
	In Aepfeln und Birn.	
839	Phalaena Strobilella.	Lin. 402.
	In den Tannzapfen.	
840	Phalaena Resinella.	Lin. 406.
	Frisch. 10. t. 9.	
	Roesel 1. phal. 4. t. 16.	
	Im Harz, so aus den Aestchen der Fichten schwitzt.	
841	Phalaena bractella.	Lin. 415.
	Bey uns selten.	
842	Phalaena Swammerdamella.	Lin. 424.
	In den Wiesen, etwas selten.	
843	Phalaena Reaumurella.	Lin. 425.
	Bey Genf. De Saussure, Gourgas.	
844	Phalaena de Geerella.	Lin. 426.
	De Geer ins. 1. t. 32. f. 13.	
	Geoff. 2. t. 12. f. 5.	
	Bey Genf. De Saussure.	
845	Phalaena Podaella.	Lin. 428.
	Bey uns selten.	
*846	Phalaena Scabiosella.	Scop. carn. 644.
	In den Wiesen, auf den wilden Scabiosen ziemlich gemein.	
847	Phalaena Roesella.	Lin. 445.
	Frisch. 3. t. 4.	
	De Geer ins. 1. t. 30. f. 10–12.	
	Bey uns selten.	
848	Phalaena monodactyla.	Lin. 453.
	Reaum. ins. 1. t. 20. f. 12–16.	
	Bey Genf, im Wallis häufig.	
849	Phalaena didactyla.	Lin. 454.
	Schaeff. elem. t. 104.	
	Bey uns etwas selten.	
850	Phalaena tridactyla.	Lin. 455.
	Bey uns selten.	
851	Phalaena pentadactyla.	Lin. 459.
	Roesel 1. phal. 4. t. 5.	
	Sulz. Kennz. t. 16. f. 100.	
	Bey uns nicht selten auf der Weide. (Convolvulus.)	
852	Phalaena hexadactyla.	Lin. 460.
	Reaum. ins. 1. t. 19. f. 19–21.	
	Frisch. 3. t. 7.	
	Bey Zürich und Genf, selten.	

IV. Claß der Insecten.

Neuroptera. Mit netzartigen Flügeln, oder Nymfen.

Libellula. Wasserjungfer.

No.
853 Libellula 4-maculata. Die Bunte. Lin. 1.
  Schaeff. Ratisb. t. 9. f. 13.
  Bey Bern. Wyttenbach.
754 Libellula flaveola. Die Gelbe. Lin. 2.
  Schaeff. Ratisb. t. 4. f. 1.
  In Bündten. Dr. Amstein.
855 Libellula vulgata. Der Glaßflügel. Lin. 3.
  Scop. carn. 680.
  Am Katzensee bey Zürich. — In Bündten.
856 Libellula rubicunda. Die Rothbrust. Lin. 4.
  Am Katzensee, selten.
858 Libellula depressa. Die Platte. Lin. 5.
  Roesel 2. aquatil. t. 6. f. 4.
  ———— t. 7. f. 3.
  Schaeff. Ratisb. t. 52. f. 1.
  ———— t. 106. f. 1.
  Bey uns sehr gemein.
858 Libellula vulgatissima. Die Hure. Lin. 6.
  Roesel 2. aquatil. t. 5. f. 3.
  Bey uns sehr gemein.
859 Libellula aenea. Die Goldgrüne. Lin. 8.
  Schaeff. Ratisb. t. 113. f. 4.
  Roesel 2. aquatil. t. 5. f. 2.
  Bey uns etwas selten.
860 Libellula grandis. Die Grosse. Lin. 9.
  Roesel 2. aquatil. t. 2. & 4.
  Schaeff. Ratisb. t. 6. f. 5. 10.

  Schaeff. Ratisb. t. 60. f. 1.
  Sulz. Kennz. t. 17. f. 101.
  Bey uns nicht selten.
*861 Libellula rubra. Die Rothe.
  Ganz roth, die Flügel hell durchscheinend, mit einem rothen breiten Band in der Mith, und einem Fleck am aussern Rand gegen der Spitze zu.
  Bey uns selten. In Bündten. D. Amstein.
862 Libellula Virgo. Die Flußjungsc. Lin. 20.
  Roesel 2. aquatil. t. 9.
  Schaeff. elem. t. 78. f. 1.
  ———— Ratisb. t. 44. f. 6.
  ———— t. 48. f. 2. 3.
  ———— t. 184. f. 1.
  An Flüssen und Bächen sehr gemein.
863 Libellula Puella. Die Sumpfjungfer. L. 21.
  Roesel 2. aquatil. t. 10. 11.
  Sulz. Kennz. t. 17. f. 102.
  Schaeff. Ratisb. t. 48. f. 1.
  ———— t. 120. f. 4–6.
  ———— t. 121. f. 4. 5.
  Bey Sümpfen und stehenden Wassern sehr gemein.
  Im Canton Zürich ist dieses Geschlecht unter dem Namen Augenschiesser bekannt. Man nennt sie zu Bern Teufelsnadeln. Wyttenbach.

IV. Claß der Inf. *Neuroptera.* Mit netzartigen Flüg. ꝛc.

Ephemera. Haft.

864 Ephemera vulgata. Useraas. Lin. 1.
    Schaeff. Ratisb. t. 9. f. 5, 6.
    Sulz. Kennz. t. 17. f. 103.
    Bey stehenden und fliessenden Wassern sehr gemein.

865 Ephemera lutea. Der gelbe Haft. Lin. 2.
    Bey uns nicht selten.

868 Ephemera vespertina. Der Abendhaft. L. 4.
    Bey uns nicht selten.

869 Ephemera procellaria. Sturmhaft.
    Geoffr. 2. pag. 239. n. 3.
    Roesel 2. aquatil. 2. t. 12. f. 2.
    Dieses Insect wird bey uns oft im Augstmonat, vom Winde bey heftigen Ungewittern in ganzen Schwärmen gegen die an der Limmat stehenden Häuser getrieben; stehen Fenster, gegen der Seite wo der Schwarm herkommt, offen, so werden die Zimmer von diesem Insect übersäet. — Der Schwarm treibt niemals früher als nach Sonne Untergang.

870 Ephemera nigra. Der schwarze Haft. Lin. 7.
    Bey uns nicht selten.

871 Ephemera horaria. Der Stundenhaft. Lin. 9.
    Roesel 2. aquatil. 2. t. 12. f. 6.
    Bey uns sehr gemein.

Phryganea. Wassermotte.

872 Phryganea bicaudata. Der Gabelschwanz. L. 1.
    Sulz. Kennz. t. 17. f. b.
    Bey uns sehr häufig, so daß oft die an der Limmat stehenden Häuser, auf der Seite gegen dem Fluß, ganz schwarz aussehen. Vulgo. Baadermücke.

873 Phryganea nebulosa. Lin. 2.
    Bey uns etwas selten.

*874 Phryganea palaecea. Die Strohgelbe.
    Geoffr. 2. p. 232. n. 4.
    Bey uns nicht selten; sie ist ganz strohgelb, nur hat sie schwarze Augen.

875 Phryganea striata. Der Strichflügel. L. 5.
    Geoffr. 2. t. 13. f. 5.
    Bey uns ziemlich häufig.

876 Phryganea grisea. Die Graue. Lin. 6.
    Bey uns nicht selten.

877 Phryganea grandis. Die Große. Lin. 7.
    Roesel 2. aquatil. t. 17.
    Bey Flüssen und Bächen nicht selten.

878 Phryganea rhombica. Der Rautenfleck. L. 8.
    Roesel 2. aquatil. 2. t. 16.
    Schaeff. elem. t. 100.
    ———— Ratisb. t. 90. f. 5, 6.
    Bey uns ziemlich gemein.

879 Phryganea nigra. Die Schwarze. Lin. 11.
    Nicht selten im Rohr an den Ufern des Zürchersees.

880 Phryganea longicornis. Das Langhorn. L. 15.
    Am Katzensee nicht selten.

881 Phryganea filosa. Das Fadenhorn. L. 16.
    Am gleichen Ort selten.

882 Phryganea albifrons. Die Weißstirn. Lin. 18.
    Bey uns selten.

883 Phryganea bilineata. Der Doppelstrich. L. 19.
    Bey uns nicht selten an den Ufern der Flüsse und Bäche.

884 Phryganea flava. Die Gelbe. Lin. 21.
    Bey uns nicht selten.

Hemerobius. Florfliege.

885 Hemerobius Perla. Der Baumlauslöwe. L. 2.
    Geoffr. 2. t. 13. f. 6.
    Roesel 3. t. 21. f. 4, 5.
    Schaeff. Ratisb. t. 5. f. 7, 8.
    Auf vielerley Pflanzen nicht selten.

IV. Claß der Inf. *Neuroptera.* Mit netzartigen Flüg. ꝛc.

886 Hemerobius Chrysops. Das Goldauge? L. 4.
  Schaeff. Ratisb. t. 107. f. 1.
  Roesel 3. t. 21. f. 3.
  Bey uns etwas selten.
887 Hemerobius Phalaenoides. Die Mottenartige. L. 5.
  Schaeff. Ratisb. t. 3. f. 11, 12.
  Bey uns selten.
888 Hemerobius lutarius. Lin. 1 ƶ.
  Schaeff. Ratisb. t. 37. f. 9, 10.
  Rösel 2. aqu. 2. t. 13.
  Bey uns sehr gemein im Rohr und Schilf.

Myrmeleon. Afterjungfer.

889 Myrmeleon formicarium. Ameisenlöwe. L. 3.
  Roesel 3. t. 17-20. et t. 21. f. 2.
  Sulz. Kennz. t. 17. f. 105.
  Schaeff. elem. t. 65.
  ——— Ratisb. t. 22. f. 1, 2.
  ——— t. 74. f. 1, 2.
  Bey uns selten.
890 Myrmeleon Libelluloides. Schäffers Afterjungfer.
  Schaeff. elem. t. 77.
  ——— Ratisb. t. 50. f. 1-3.
  Die Beschreibung, die Linnäus von diesem Insect N. 5. giebt, stimmt ganz und gar nicht mit Schäffers Abbildung und mit unserm Insect überein; man findet es in sumpfichten Wiesen bey Zürich, Genf und in Bündten.

Panorpa. Scorpionfliege.

891 Panorpa communis. Die Gemeine. L. 1.
  Frisch 9. t. 14.
  Sulz. Kennz. t. 17. f. 106.
  Schaeff. elem. t. 93.
  Bey uns in den Gärten und überall sehr gemein.
892 Panorpa germanica. L. 2.
  Bey uns nicht selten, scheint aber nur eine Abänderung von der ersten zu seyn.
*893 Panorpa tipuloides. Schnackenartige.
  Ein sehr seltenes Insect, das beym ersten Anblick einer Schnake Tipula) vollkommen gleichet. Die Größe ist die einer größern Schnacke; die Farbe bräunlicht gelb, die Unter- und Oberflügel gleich lang, der Leib sichelförmig, die Füße sehr lang mit zwey Borsten am Ende der Schienbeine, wo die Fußgelenke angehen; das Männchen hat keinen; wenigstens keinen hervorstehenden Scorpiondschwanz. Eine genauere Beschreibung und Abbildung wird das Sulzerische Werk liefern. Ich fand dieses Insect ziemlich häufig im September bey Genf, in einer Wiese, wo sich die Arve in die Rhone ergießt; ebenfalls häufig hat es auch D. Amstein in Bündten gefunden.

Rhaphidia. Kameelfliege.

894 Rhaphidia ophiopsis. Der Schlangenkopf. L. 1.
  Roesel 3. t. 21. f. 6, 7.
  Schaeff. elem. t. 107.
  ——— Ratisb. t. 95. f. 1, 2.
  Sulz. Kennz. t. 17. f. 107.
  Bey uns etwas selten. Auch zu Bern selten. Wyttenbach.

V. Claß der Insecten.

Hymenoptera. Mit häutigen Flügeln, oder Stecher.

Cynips. Gallwespe.

895 Cynips Rosae. Lin. 1.
In den haarigen Neyseln an den wilden Rosenst.
896 Cynips Hieracii. Lin. 2.
Auf dem Habichtskraut nicht selten.
897 Cynips Glechomae. Lin. 3.
Auf dem Gundelrab oder Gundermannstraut.
898 Cynips Quercus baccarum. L. 4.
Auf den Eichen.
899 Cynips Quercus folii. Lin. 5.
Roesel 3. t. 52, 53. f. 10, 11.
Sulz. Kennz. t. 18. f. 108. a.
Auf Eichen.
900 Cynips Quercus petioli. Lin. 7.
Roesel 3. t. 35, 36.
Auf Eichen.
901 Cynips Quercus gemmae. Lin. 11.
Auf Eichen.
902 Cynips Fagi. Lin. 12.
Auf Buchen.
903 Cynips Viminalis. Lin. 13.
Roesel 2. vesp. t. 10. f. 5 - 7.
Auf den Bandweiden.
904 Cynips Capreae. Lin. 14.
Auf den Palmweiden.
905 Cynips Salicis strobili. Lin. 15.
Auf den Weiden.

Tenthredo. Blattwespe.

906 Tenthredo femorata. Der Dickschenkel. L. 1.
Geoffr. 2. t. 14. f. 4.
Bey uns etwas selten.
907 Tenthredo lutea. Die Gelbe. Lin. 3.
Frisch 4. t. 25.
Auf Weiden und Birken nicht selten.
908 Tenthredo Amerinae. Der Rotharsch. Lin. 4.
Schaeff. Ratisb. t. 90. f. 8, 9.
Roesel 2. vesp. t. 1. et t. 11.
Bey uns nicht selten auf den Weiden.
909 Tenthredo sericea. Lin. 8.
Schaeff. elem. t. 51.
Bey uns sehr selten.
910 Tenthredo nitens. Der Glanzleib. Lin. 10.
Sulz. Kennz. t. 18. f. 109.
Schaeff. Ratisb. t. 11. f. 4.
Bey uns nicht selten auf Blumen.
911 Tenthredo ustulata. Das Brandmahl. L. 13.
Sulz. Kennz. t. 18. f. 111.
Bey uns etwas selten.
912 Tenthredo Pini. Fichtenblattwespe. L. 14.
Schaeff. Ratisb. t. 68. f. 7, 8.
Auf den Fichten, bey uns selten.
913 Tenthredo Juniperi. Wachholderblattwespe. L. 15.
Sulz. Kennz. t. 18. f. 110. b.
Schaeff. Ratisb. t. 154. f. 3 - 6.
Auf den Wachholderstauden selten.
914 Tenthredo rustica. Lin. 16.
Geoffr. 2. t. 14. f. 5.
Bey uns etwas selten, in Bünden.
915 Tenth. Scrophulariae. Braunwurzblattwespe L. 17.
Schaeff. Ratisb. t. 71. f. 7.

V. Claß der Insecten.

Sehr gemein auf der Braunwurz oder den Scrofelnkraut.

916 Tenthredo Abietis. Tannenblattwespe. L. 18.
Frisch 2. t. 1. f. 21-24.
Schaeff. Ratisb. t. 7. f. 10.
Bey uns nicht selten auf den Tannen.

917 Tenthredo Cerati. Die Blattwicklerin. L. 19.
Auf Kirschbäumen.

918 Tenthredo mesomela. Der Schwarzrücken. L. 22.
Sulz. Kennz. t. 18. f. 112.
Die Raupe auf Weiden, die Wespe auf Blumen sehr gemein.

919 Tenthredo rufipes. Der Rothfuß. Lin. 24.
Bey uns etwas selten.

920 Tenthredo atra. Die Schwarze. Lin. 26.
Schaeff. Ratisb. t. 50. f. 6.
Bey uns etwas selten.

921 Tenthredo viridis. Die Grüne. Lin. 27.
Schaeff. Ratisb. t. 56. f. 3.
Bey uns nicht selten auf Blumen.

922 Tenthredo Alni. Erlenblattwespe. Lin. 29.
Auf Erlen, selten.

923 Tenthredo Rosae. Rosenblattwespe. Lin. 30.
Roesel 2. vesp. t. 2.
Schaeff. Ratisb. t. 55. f. 10, 11.
Auf Rosenstauden häufig.

924 Tenthredo bidueta. Lin. 31.
Bey uns nicht selten auf Blumen.

925 Tenthredo nigra. Die Mohrin. Lin. 34.
Bey uns etwas selten.

926 Tenthredo carbonaria. Lin. 37.
In Bündten. D. Amstein.

927 Tenthredo erythrocephala. Der Rothkopf. L. 40.
Sulz. Kennz. t. 18. f. 113.
Schaeff. Ratisb. t. 96. f. 9.

928 Tenthredo Cynosbati. Lin. 43.
Bey uns selten.

929 Tenthredo Capraeae. Lin. 55.
Frisch 6. t. 4.
Auf den Weiden nicht selten.

Sirex. Schwanzwespe.

930 Sirex Gigas. Die Riesin. Lin. 1.
Roesel 2. vesp. t. 8, 9.
Sulz. Kennz. t. 18. f. 114.
Geoffr. 2. t. 14. f. 3.
Schaeff. elem. t. 1. f. 2. et t. 13. f. 7.
——— t. 132.
Bey uns nicht selten im Fichten und Tannenholz.

931 Sirex Spectrum. Das Gespenst. Lin. 3.
De Geer inf. 1. t. 36. f. 6.
Schaeff. Ratisb. t. 4. f. 9, 10.
Bey Zürich selten; in Bündten. D. Amstein.

932 Sirex Juvencus. Der Kurzschwanz. Lin. 4.
De Geer inf. 1. t. 36. f. 7.
Bey uns sehr selten; in Bündten. D. Amstein.

933 Sirex Mariscus. Lin. 6.
Bey Genf; in Bündten. D. Amstein.

Ichneumon. Schlupfwespe.

934 Ichneumon fugillatorius. Lin. 1.
Bey uns nicht selten.

935 Ichneumon raptorius. Lin. 2.
In Bündten D. Amstein.

936 Ichneumon sarcitorius. Lin. 3.
Auf Blumen nicht selten.

937 Ichneumon extensorius. Lin. 4.
Schaeff. Ratisb. t. 43. f. 1, 2.
Auf Blumen nicht selten.

938 Ichneumon quaesitorius. Lin. 5.
Bey uns etwas selten.

939 Ichneumon culpatorius. Lin. 6.
Bey uns nicht selten auf Blumen.

940

Hemiptera. **Mit häutigen Flügeln, oder Stecher.**

No.		
940	Ichneumon saturatorius.	Lin. 9.
	De Geer inf. 1. t. 23. f. 16.	
	Bey uns nicht selten.	
941	Ichneumon molitorius.	Lin. 10.
	Bey uns nicht selten, im Frühjahr auf Blüten.	
942	Ichneumon pisorius.	Lin. 12.
	Schaeff. Ratisb. t. 6. f. 12.	
	——— elem. t. 72. f. 1.	
	Bey uns etwas selten.	
943	Ichneumon luctatorius.	Lin. 13.
	In verschienen Raupen nicht selten.	
*944	Ichneumon bicinctus.	
	Schaeff. Ratisb. t. 52. f. 5.	
	Sulz. Kennz. t. 18. f. 10.	
	Schwarz, das dritte und fünfte Gelenk des Hinterleibs nebst dem Schildchen gelb; die Füsse und Fühlhörner braungelb.	
	Nicht selten auf Blumen.	
945	Ichneumon volutatorius.	Lin. 14.
	Bey uns selten.	
946	Ichneumon persuasorius.	Lin. 16.
	Schaeff. Ratisb. t. 80. f. 2.	
	De Geer inf. 1. t. 36. f. 8.	
	Bey Genf. De Saussure.	
947	Ichneumon designatorius.	Lin. 18.
	Bey uns selten.	
948	Ichneumon fossorius.	Lin. 22.
	Bey uns nicht selten auf Blumen.	
949	Ichneumon comicator.	Lin. 24.
	Bey uns etwas selten.	
950	Ichneumon Peregrinator.	Lin. 25.
	Auf Blumen nicht selten.	
951	Ichneumon Incubitor.	Lin. 26.
	Geoffr. 2. t. 16. f. 1.	
	Bey uns etwas selten.	
952	Ichneumon Denigrator.	Lin. 28.
	Schaeff. Ratisb. t. 20. f. 4. 5.	
	Bey uns sehr selten.	
953	Ichneumon Desertor.	Lin. 29.
	Schaeff. Ratisb. t. 20. f. 2. 3.	
	Bey uns selten.	
954	Ichneumon Rutilator.	Lin. 30.
	Schaeff. Ratisb. t. 6. f. 11.	
	Bey uns selten.	
955	Ichneumon Corruscator.	Lin. 31.
	Bey uns selten.	
956	Ichneumon Manifestator.	L. 32.
	Schaeff. Ratisb. t. 110. f. 3.	
	De Geer inf. 1. t. 36. f. 9.	
	In verschiedenen Raupen.	
957	Ichneumon Compunctor.	Lin. 33.
	Schaeff. Ratisb. t. 49. f. 4.	
	In den Puppen der Schmetterlinge nicht selten.	
958	Ichneumon Delusor.	Lin. 34.
	Bey uns nicht selten.	
959	Ichneumon Titillator.	Lin. 35.
	Bey uns etwas selten.	
960	Ichneumon Turionella.	Lin. 40.
	Auf Blumen nicht selten.	
961	Ichneumon Iaculator.	Lin. 49.
	Bey uns sehr selten.	
962	Ichneumon Pugillator.	Lin. 50.
	De Geer inf. 1. t. 6. f. 12.	
	In verschiedenen Raupen nicht selten.	
963	Ichneumon Jaculator.	Lin. 52.
	De Geer inf. 1. t. 36. f. 10.	
	Bey uns nicht selten.	
964	Ichneumon luteus.	Lin. 55.
	Sulz. Kennz. t. 18. f. 118.	
	Schaeff. Ratisb. t. 1. f. 10. & t. 101. f. 4.	
	Auf Blumen nicht selten.	
665	Ichneumon Muscarum.	Lin. 62.
	De Geer inf. 1. t. 32. f. 19. 20.	
	Bey uns selten.	
966	Ichneumon Bedeguaris.	Lin. 63.

V. Claß der Insecten.

Roesel 3. t. 53. f. F. II.
In den gallartigen Auswüchsen der Rosenbüsche.

967 Ichneumon Puparum. L. 66.
De Geer inf. 1. t. 30. f. 18.
Roesel 2. vesp. t. 3. f. 1–5.
In den Puppen der Schmetterlinge sehr häufig.

968 Ichneumon Secalis. Lin. 70.
In den Kornfeldern, sehr selten.

969 Ichneumon globatus. L. 73.
Frisch. 6. t. 10.
Hin und wieder nicht selten.

970 Ichneumon glomeratus. Lin. 75.
De Geer inf. 1. t. 16. f. 6.
Roesel 2. vesp. t. 3. f. a. b.
In den Raupen der Schmetterlinge sehr häufig.

971 Ichneumon pectinicornis. L. 77.
Geoff. 2. t. 15. f. 3.
Bey uns selten.

Sphex. Raupentöder.

972 Sphex sabulosa. Der Sandgräber. Lin. 1.
Frisch. 2. t. 1. f. 6. 7.
Sulz. Kennz. t. 19. f. 120.
Schaeff. elem. t. 8. f. 2.
——— Ratisb. t. 83. f. 1.
In sandiger, trockener Erde, in den Gärten nicht selten.

973 Sphex clavipes. Der Keulfuß. Lin. 8.
Schaeff. Ratisb. t. 60. f. 4.
Bey den Häusern, in hölzernen der Sonne stark ausgesetzten Wänden, nicht selten.

974 Sphex spirifex. Der Schraubendreher. L. 9.
Schaeff. Ratisb. t. 78. f. 1.
Bey Genf ziemlich gemein.

975 Sphex viatica. Der Straßenräuber. Lin. 15.
Frisch. 2. t. 1. f. 13.

Auf trockenen, sonnenreichen Straßen, die durch Felder und Wiesen führen, nicht selten.

976 Sphex fusca. Der Braune. Lin. 16.
Bey uns etwas selten.

977 Sphex cribaria. Das Siebbein. Lin. 23.
Schaeff. Ratisb. t. 177. f. 6. 7.
Der Naturforscher 21tes St. pag. 21, t. 2.
Bey uns nicht selten auf den Schirmöhrmen.

978 Sphex clypeata. Das Schildbein. Lin. 24.
Schreber inf. 11. t. 1. f. 8.
Schaeff. Ratisb. t. 177. f. 8. 9.
Bey uns etwas selten.

979 Sphex gibba. Lin. 33.
Bey uns selten.

980 Sphex vaga. Der Landstreicher. Lin. 37.
Bey Zürich und in Bündten.

*981 Sphex bimaculata. Der Doppelfleck.
Schaeff. elem. t. 115.
——— Ratisb. t. 147. f. 1. 2.
Ganz schwarz, zottigt, auf dem Hinterleib zwey gelbe, gevierte Flecken.
Im Wallis in den Kornfeldern.

Chrysis. Goldwespe.

982 Chrysis ignita. Die Feuerfarbige. Lin. 1.
Frisch. 9. t. 10.
Sulz. Kennz. t. 19. f. 121.
Schaeff. elem. t. 40.
——— Ratisb. t. 74. f. 7. 8.
In den Mauern und Wänden der Häuser, wo sie nistet, nicht selten.

983 Chrysis aurata. Die Goldfarbige. Lin. 4.
Schaeff. Ratisb. t. 42. f. 5. 6.
Bey uns etwas selten.

*984 Chrysis nobilis. Die Edelwespe.

Hymenoptera. Mit häutigen Flügeln, oder Stecher.

J. R. Forster nov. spec. inf. Cent. 1. n. 89.
Chrysis cyanura.
Bey Luggaris.

Vespa. Wespe.

985 Vespa Crabro. Die Horniße. Lin. 2.
Frisch. 9. t. 11.
Sulz. Kenn. t. 19. f. 122.
Schaeff. Ratisb. t. 53. f. 5.
Bey uns ziemlich gemein, nistet in den hohlen Eichen.

986 Vespa vulgaris. Die gemeine Wespe. Lin. 4.
Schaeff. elem. t. 130.
——— Ratisb. t. 35. f. 4.
Bey uns sehr gemein, den Obst und Weintrauben oft schädlich.

987 Vespa rufa. Die rothe Wespe.
Bey uns etwas selten.

988 Vespa parietum. Die Wandwespe. Lin. 6.
Frisch. 9. t. 12. fig. alata.
Roesel 2. vesp. t. 7. f. 8?
Bey uns ziemlich gemein, nistet in den hölzernen Wänden.

989 Vespa gallica. Lin. 7.
Schaeff. Ratisb. t. 35. f. 5.
Bey uns nicht selten auf Blumen.

990 Vespa muraria. Die Mauerwespe. Lin. 8.
Schaeff. Ratisb. t. 24. f. 3.
Frisch. 9. t. 12. f. 8. 9.
Wohnt im Mauerwerk, nicht selten.

991 Vespa coarctata. Die Pillenwespe. Lin. 11.
Frisch. 9. t. 9.
Geoff. 2. t. 16. f. 2.
Bey uns nicht selten, auf Blumen.

992 Vespa arvensis. Die Ackerwespe. Lin. 12.
Schaeff. Ratisb. t. 93. f. 8.
Bey uns etwas selten.

993 Vespa campestris. Die Feldwespe. Lin. 13.
Auf Blumen nicht selten.

994 Vespa bifasciata. Das Doppelband. Lin. 14.
Bey uns etwas selten.

995 Vespa biglumis. Lin. 17.
Bey uns selten, auf Blumen.

996 Vespa uniglumis. Lin. 18.
Bey uns selten, auf Blumen.

Apis. Biene.

997 Apis longicornis. Das Langhorn. Lin. 1.
Schaeff. Ratisb. t. 44. f. 3.
Bey Zürich etwas selten, bey Genf gemein, in Bündten.

998 Apis centuncularis. Lin. 4.
Bey Genf. Gourgas.

999 Apis rufa. Lin. 9.
Bey uns sehr selten.

1000 Apis bicornis. Lin. 10.
Bey Genf.

1001 Apis truncorum. Die Stammbiene. Lin. 12.
Bey uns etwas selten.

1002 Apis florisomnus. Der Blumenschläfer. L. 13.
Bey uns nicht selten.

* 1003 Apis flavipes. Der Gelbfuß.
Geoffr. 2. p. 414. n. 13.
Schaeff. Ratisb. t. 32. f. 19.
Bey uns in den Gärten nicht selten.

* 1004 Apis glabra. Glattbiene.
Schaeff. Ratisb. t. 32. f. 4.
Ganz glatt, schwarz, der Hinterleib, das erste Glied ausgenommen, glänzend braunroth.
In der Schweiz.

1005 Apis Fabriciana. Lin. 17.
In Bündten. Dr. Amstein.

1006 Apis succincta. Die Ringbiene. Lin. 18.

V. Claß der Insecten. *Hymenoptera.* Mit häutigen Flüg. oder St.

Schaeff. Ratisb. t. 32. f. 5.
Bey uns etwas selten.

1007 Apis caerulescens. Die Blaubiene. Lin. 21.
Bey uns selten.

1008 Apis mellifica. Die Honigbiene. Lin. 22.
Wird überall in der Schweiz gezogen.

1009 Apis lagopoda. Der Rauchfuß. Lin. 27.
Bey uns sehr selten.

1010 Apis manicata. Der Haarfuß. Lin. 28.
Schaeff. Ratisb. t. 32. f. 11. 12.
Bey Zürich und Genf nicht selten.

1011 Apis conica. Die Kegelbiene. Lin. 32.
Bey uns selten.

1012 Apis ruficornis. Das Rothhorn. Lin. 34.
Schaeff. Ratisb. t. 50. f. 10.
Bey Zürich und in Bündten.

1013 Apis violacea. Der Violethummel. L. 38.
Schaeff. t. 102. f. 7. 8.
Bey Genf, Luggaris und im Wallis sehr gemein.
Bern. Wettenbach.

1014 Apis terrestris. Der Erdhummel. Lin. 41.
Frisch. 9. t. 13. f. 1.
Sulz. Kennz. t. 19. f. 124.
Schaeff. Ratisb. t. 69. f. 7.
In der Schweiz sehr gemein.

1015 Apis hortorum. Der Gartenhummel. L. 42.
Bey uns nicht selten, in Bündten.

1016 Apis pratorum. Der Wiesenhummel. L. 43.
Bey uns nicht selten, in Bündten.

1017 Apis lapidaria. Steinhummel. Lin. 44.
Schaeff. Ratisb. t. 69. f. 9.
Bey uns sehr gemein, in Bündten.

1018 Apis sylvarum. Waldhummel. Lin. 45.
Bey uns nicht selten, in Bündten.

1019 Apis Muscorum. Graßhummel. Lin. 46.
Schaeff. Ratisb. t. 69. f. 8.
Bey uns nicht selten, in Bündten.

1020 Apis Hypnorum. Der Mooshummel. L. 47.

Bey Zürich etwas selten; in Bündten.

*1021 Apis pascuorum. Scop. carn. 819.
Bey Genf.

1022 Apis acervorum. Lin. 50.
Schaeff. Ratisb. t. 78. f. 5.
Bey uns selten.

1023 Apis subterranea. Lin. 51.
Bey uns selten, in Bündten.

Formica.   Ameise.

1024 Formica herculeana. Die Riesameise. L. 1.
Schaeff. Ratisb. t. 5. f. 3. 4.
Sulz. Kennz. t. 19. f. 125.
In der Schweiz nicht selten.

1025 Formica barbara. Lin. 2.
In Bündten. Dr. Amstein.

1026 Formica rufa. Rothbrust.
Schaeff. elem. t. 64.
In der Schweiz häufig.

1027 Formica fusca. Die Braune. Lin. 4.
In Bündten. Dr. Amstein.

1028 Formica nigra. Die Schwarze. Lin. 5.
In der Schweiz gemein.

1029 Formica obsoleta. Lin. 6.
In Bündten. Dr. Amstein.

1030 Formica rubra. Die Rothe. Lin. 7.
Bey uns nicht selten.

1031 Formica caespitum. Schwarmameise. L. 11.
Bey uns nicht selten — sie fliegen oft in grossen Schwärmen, und tanzen in der Luft, wie die Mücken.

Mutilla.   Afterameise.

1032 Mutilla europaea. Lin. 4.
Bey Genf am Fuß des Saléva Bergs.

1043 Mutilla maura. Lin. 6.
Bey Luggaris.

VI. Claß der Insecten.

Diptera. Zweyflügelige.

Oestrus. Afterbremse.

1034 Oestrus Bovis.   Ochsenafterbremse.   Lin. 1.
   Frisch 5. t. 7.
   Sulz. Kennz. t. 20. f. 127.
   Schaeff. elem. t. 91.
   ——— Ratisb. t. 89. f. 7.
   In der Schweiz häufig.

Tipula. Schnacke.

1035 Tipula pectinicornis.   Das Kammhorn.   Lin. 1.
   Schaeff. elem. t. 13. f. 8. et t. 129. f. 3.
   ——— Ratisb. t. 106. f. 5, 6.
   Bey uns nicht selten.
1036 Tipula rivosa.   Der Buntflügel.   Lin. 2.
   Sulz. Kennz. t. 20. f. 128.
   Bey uns sehr gemein.
1037 Tipula 4-maculata.   Der Viereck.   Lin. 3.
   Bey uns etwas selten.
1038 Tipula crocata.   Der Buntleib.   Lin. 4.
   Geoffr. 2. t. 19. f. 1.
   Schaeff. Ratisb. t. 15. f. 5.
   Bey uns nicht selten.
1039 Tipula oleracea.   Die Pflanzenschänderin.   L. 5.
   Frisch 4. t. 12.
   In Gärten und Feldern sehr häufig.
1040 Tipula hortorum.   Die Gartenschnacke.   L. 6.
   Bey uns selten; in Bündten. D. Amstein.
1041 Tipula lunata.   Lin. 9.
   Bey uns nicht selten.
1042 Tipula pratensis.   Die Wiesenschnacke.   L. 10.
   Bey uns nicht selten in Wiesen und Feldern.
1043 Tipula terrestris.   Die Erdwühlerin.   Lin. 11.
   Frisch 7. t. 22.
   Bey uns etwas selten.
1044 Tipula cornicina.   Das Krähenfutter.   Lin. 12.
   Im Felde nicht selten.
1045 Tipula nigra.   Die Schwarze.   Lin. 13.
   Bey uns etwas selten.
1046 Tipula atrata.   Die Geschwänzte.   Lin. 14.
   Schaeff. Ratisb. t. 32. f. 1.
   Bey uns selten; in Bündten. D. Amstein.
1047 Tipula annulata.   Der Weißring.   Lin. 16.
   Schaeff. Ratisb. t. 48.
   Bey uns etwas selten.
1048 Tipula ocellaris.   Lin. 17.
   In Bündten, D. Amstein.
1049 Tipula regelationis.   Die Frühlingsschnacke.   L. 21.
   Bey uns nicht selten.
1050 Tipula plumosa.   Der Federbusch.   Lin. 26.
   Frisch 11. t. 3. f. 12.
   Bey uns etwas selten.
1051 Tipula motitatrix.   Lin. 29.
   Frisch 11. t. 13.
   Bey uns nicht selten.
1052 Tipula Marci.   Lin. 38.
   Schaeff. Ratisb. t. 15. f. 1, 2.
   Bey Zürich, Genf und in Bündten.
1053 Tipula putris.   Lin. 43.
   Frisch 4. t. 20.
   Im Frühjahr nicht selten.
1054 Tipula febrilis.   Lin. 44.
   Sulz. Kennz. t. 20. f. 129.

VI. Claß der Insecten

In den Häusern, etwas selten.
1055 Tipula florilega. Die Blüthenschnacke. L. 45.
    In den Blüthen der Fruchtbäume nicht selten.
1056 Tipula Hortulana. Die Gärtnerin. L. 46.
    Geofr. 2. t. 19. f. 5.
    In den Gärten nicht selten.
1057 Tipula phalaenoides. Die Schmetterlings-
    schnacke. Lin. 47.
    Frisch 11. t. 3. f. 11.
    Bey uns in den Abtritten der Häuser sehr ge-
    mein.

Musca. Fliege.

1058 Musca plebeja. Lin. 1.
    In Bündten. D. Amstein.
1059 Musca chamaeleon. Der Chameleon. L. 3.
    Schaeff. Ratisb. t. 59. f. 2, 3.
    Sulz. Kennz. t. 20. f. 130.
    Geofr. 2. t. 17. f. 4.
    Bey Zürich etwas selten; in Bündten, Wallis
    und bey Genf gemein.
1060 Musca hydroleon. Lin. 5.
    Schaeff. Ratisb. t. 14. f. 14.
    Bey uns etwas selten.
1061 Musca hypoleon. Lin. 7.
    Bey uns selten.
*1062 Musca sellata. Die Sattelfliege.
    Schaeff. Dissert. die Sattelfliege. 1753.
    —— Ratisb. t. 45. f. 6, 7.
    Bey Zürich sehr, in Bündten nicht selten.
*1063 Musca olens.
    Schaeff. Ratisb. t. 110. f. 4, 5.
    Man findet diese Fliege etwas selten im Gebüsch,
    auf dem Hocker, am Fuß des Utliberges.
    Diese Fliege riecht sehr stark nach Ziegerkraut
    (Trifol. Melilot. caerul. Lin.) sie behält den
    Geruch 4 — 6 (und vermuthlich noch mehrere)
    Jahre.

1064 Musca Morio. Die Möhrin. Lin. 9.
    Schaeff. Ratisb. t. 53. f. 3.
    Bey Genf.
1065 Musca Maura. Lin. 11.
    Schaeff. Ratisb. t. 76. f. 9.
    In Bündten. D. Amstein.
1066 Musca clavipes. Der Keulfuß. Lin. 12.
    In Bündten D. Amstein.
1067 Musca Hottentotta. Lin. 13.
    Schaeff. Ratisb. t. 76. f. 6.
    Bey Genf.
1068 Musca scolopacea. Lin. 16.
    Bey uns sehr selten.
1069 Musca tringaria. Lin. 18.
    Bey uns selten.
1070 Musca Conopsoides. Asterstechfliege. Lin. 21.
    Bey uns selten.
1071 Musca bombylans. Hummelfliege. Lin. 25.
    Bey uns etwas selten.
1072 Musca mystacea. Lin. 26.
    Sulz. Kennz. t. 20. f. 131.
    Schaeff. elem. t. 131.
    —— Ratisb. t. 10. f. 9.
    Bey Zürich und in Bündten.
1073 Musca pendula. Der Langschwanz. Lin. 28.
    Frisch 4. t. 13.
    Bey uns sehr gemein im faulen Wasser.
1074 Musca florea. Die Blumenfliege. Lin. 29.
    Schaeff. Ratisb. t. 54. f. 11.
    Bey Zürich und in Bündten nicht selten.
1075 Musca nemorum. Die Waldfliege. Lin. 30.
    Schaeff. Ratisb. t. 91. f. 4.
    Bey Zürich nicht selten.
1076 Musca arbustorum. Lin. 31.
    Bey uns selten; in Bündten. D. Amstein.
1077 Musca tenax. Die Kothfliege. Lin. 32.
    Bey uns sehr häufig.

Diptera. **Zweyflügelige.**

No.		
1078	Musca oestracea. Die Bremsenfliege.	Lin. 34.
	Schaeff. Ratisb. t. 10. f. 6.	
	Bey uns etwas selten.	
1079	Musca sylvarum. Die Hainfliege.	Lin. 37.
	Bey uns nicht selten.	
1080	Musca bicincta. Der Doppelgürtel.	Lin. 38.
	Bey uns selten.	
1081	Musca devia.	Lin. 41.
	Bey Zürich, in Bündten.	
1082	Musca vespiformis. Die Wespenfliege.	L. 44.
	Bey uns sehr selten, in Bündten. D. Amstein.	
1083	Musca festiva.	Lin. 45.
	Bey Zürich und in Bündten.	
1084	Musca glauca.	Lin. 47.
	Bey uns selten.	
1085	Musca noctiluca.	Lin. 48.
	Bey uns selten.	
1086	Musca Ribesii.	Lin. 50.
	Bey uns nicht selten.	
1087	Musca Pyrastri.	Lin. 51.
	Frisch 11. t. 22.	
	Sulz. Kennz. t. 20. f. 130.	
	Bey uns nicht selten.	
108	Musca Menthastri.	Lin. 53.
	Bey uns etwas selten.	
1089	Musca scripta.	Lin. 54.
	Roesel 2. muscar. t. 6.	
	Bey uns nicht selten.	
1090	Musca mellina.	Lin. 55.
	Bey uns etwas selten.	
1091	Musca pipiens.	Lin. 56.
	Bey Zürich und in Bündten.	
1092	Musca segnis.	Lin. 57.
	Schaeff. Ratisb. t. 107. f. 7. & t. 180. f. 3.	
	Im gleichen Orten.	
1093	Musca femorata.	Lin. 58.
	In Bündten. D. Amstein.	

No.		
1094	Musca inanis. Der Hohlbauch.	Lin. 61.
	Geofr. 2. t. 18. f. 4.	
	Auf dem Jura und in Bündten.	
1095	Musca pellucens. Die Durchsichtige.	Lin. 62.
	Sulz. Kennz. t. 20. f. 133.	
	Geofr. 2. t. 18. f. 3.	
	Schaeff. Ratisb. t. 10. f. 4. 5.	
	Bey Zürich selten, in Bündten. D. Amstein.	
1096	Musca meridiana.	Lin. 63.
	Schaeff. Ratisb. t. 17. f. 4.	
	Bey Zürich und in Bündten.	
1097	Musca Caesar.	L. 64.
	Schaeff. Ratisb. t. 54. f. 3.	
	Auf den Aas und andern Unreinigkeiten gemein.	
1098	Musca cadaverina.	Lin. 65.
	An gleichen Orten.	
1099	Musca mortuorum.	Lin. 66.
	In Bündten.	
1111	Musca Vomitoria.	L. 67.
	Schaeff. Ratisb. t. 54. f. 9.	
	Auf dem Aas und andern Unreinigkeiten.	
1101	Musca carnaria. Die Fleischfliege.	Lin. 68.
	Frisch 7. t. 14.	
	Roesel 2. muscar. t. 9, 10.	
	Schaeff. Ratisb. t. 40. f. 1. 2.	
	Bey uns sehr gemein.	
1102	Musca domestica. Die Hausfliege.	L. 69.
	Ueberall sehr gemein.	
1003	Musca sepulchralis.	L. 73.
	Im hiesigen medicinischen Garten auf den Blumen nicht selten.	
1104	Musca fera. Der Wildfang.	Lin. 74.
	Schaeff. Ratisb. t. 17. f. 5.	
	Sulz. Kennz. t. 20. f. 134.	
	Bey Zürich und in Bündten.	
1105	Musca grossa. Die Riesenfliege.	Lin. 75.
	Schaeff. Ratisb. t. 108. f. 6, 7.	

VI. Claß der Insecten.

Bey uns etwas selten.

1106 Musca rotundata. Der Rundbauch. L. 76.
Schaeff. Ratisb. t. 54. f. 8.
────── ────── t. 187. f. 2.
Auf Blumen selten.

1107 Musca Larvarum. Die Raupenfliege. L. 78.
De Geer inf. 1. t. 11. f. 23.
Die Larva lebt in den Raupen der Schmetterlinge; häufig.

1108 Musca canicularis. Lin. 80.
Bey uns selten.

1109 Musca pluvialis. Die Regenfliege. Lin. 83.
Bey Zürich und in Bündten.

1110 Musca cellaris. Die Kellerfliege. L. 87.
In den Häusern nicht selten.

1111 Musca meteorica. Die Gewitterfliege. L. 88.
In Bündten. D. Amstein.

1112 Musca putris. Lin. 89.
Frisch 1. t. 7.
Bey uns nicht selten auf Misthäufen ꝛc.

1113 Musca cupraria. Lin. 92.
In Bündten. D. Amstein.

1113 Musca polita. Lin. 93.
Eben daselbst.

1115 Musca Petronella. Die Wasserläuferin. L. 96.
Bey uns selten.

1116 Musca nobilitata. Lin. 98.
In Bündten. D. Amstein.

1117 Musca cucularia. Lin. 103.
Eben daselbst.

1118 Musca scybalaria. Die Dreckfliege. L. 104.
Auf dem Pferde- und Kuhmist, Menschenkoth nicht selten.

1119 Musca stercoraria. Die Dungfliege. L. 105.
An gleichen Orten gemein.

1120 Musca sinetaria. Die Mistfliege. Lin. 106.
An gleichen Orten.

1121 Musca grossificationis. Die Weißspitze. L. 109.
Bey uns nicht selten in den Häusern.

1122 Musca vibrans. Die Schwarzspitze. L. 112.
Bey uns etwas selten.

1123 Musca flava. Lin. 115.
Bey uns selten.

1124 Musca Arnicae. Lin. 119.
Schaeff. Ratisb. t. 89. f. 8.
Auf Blumen selten.

*1125 Musca stellata. Der Sternflügel.
Geoffr. 2. p. 494. n. 3.
Bey Zürich in den Gärten selten.

1126 Musca Urticae. Die Nesselfliege. Lin. 123.
In Bündten D. Amstein.

1127 Musca Cerasi. Die Kirschfliege. Lin. 124.
In Bündten. D. Amstein.

1128 Musca Cardui. Die Distelfliege. Lin. 126.
Auf Disteln nicht selten.

1129 Musca solstitialis. Das Gelbschildchen. L. 127.
Bey uns selten.

Tabanus. Bremse.

1130 Tabanus bovinus. Viehbremse. Lin. 1.
Schaeff. elem. t. 122.
In der Schweiz sehr gemein.

1131 Tabanus autumnalis. Die Herbstbremse. L. 5.
In der Schweiz häufig.

1132 Tabanus rusticus. Lin. 11.
In Bündten. Dr. Amstein.

1133 Tabanus Bromius. Die Grasbremse. L. 12.
Schaeff. Ratisb. t. 8. f. 4. 5.
In den Wiesen, auf Blumen nicht selten.

1134 Tabanus pluvialis. Die Regenbremse. L. 16.
Schaeff. Ratisb. t. 85. f. 8. 9.
Bey uns ziemlich gemein.

Diptera. **Zweyflügelige.**

1135 Tabanus caecutiens. Das Blinzaug. Lin. 17.
  Schaeff. Ratisb. t. 8. f. 1.
  Bey uns nicht selten auf Blumen.
* 1136 Tabanus alpinus. Die Alpenbremse.
  Scop. carn. 1010.
  Auf den Schweizerischen Alpen nicht selten.

Culex. Mücke.

1137 a. Culex pipiens. Stechmücke. Lin. 1.
  Sulz. Kennz. t. 21. f. a.
  Roesel add. t. 15.
  Schaeff. elem. t. 54. f. 1.
  Geoffr. 2. t. 19. f. 4. p.
  In der Schweiz sehr häufig.
1137 b. Culex bifurcatus. Die Gabelschnautze. L. 3.
  Sulz. Kennz. t. 21. f. 136.
  Geoffr. 2. t. 19. f. q.
  Schaeff. elem. t. 54. f. 2.
  Ist nach den beobachtungen der hier angeführten Authoren, das Männchen von dem vorhergehenden Insect.
1138 Culex pulicaris. Die Flohmücke. Lin. 4.
  In den Häusern ziemlich gemein.

Empis. Schnepfenfliege.

1139 Empis pennipes. Der Federfuß. Lin. 2.
  Sulz. Kennz. t. 21. f. 137. d.
  Schaeff. Ratisb. t. 192. f. 3.
  Auf Blumen nicht selten.

Conops. Stechfliege.

1140 Conops calcitrans. Wadenstecher. Lin. 2.
  Sulz. Kennz. t. 21. f. 138.
  Geoffr. 2. t. 18. f. 2.
  Schaeff. elem. t. 119.
  In den Häusern, Viehställen ec. häufig.
1141 Conops macrocephala. Lin. 5.
  Bey uns sehr selten.
1142 Conops atomaria. Der Staubflügel. Lin. 10.
  Bey uns selten.

Asilus. Raubfliege.

1143 Asilus crabroniformis. Hornissenartige. L. 4.
  Frisch. 3. t. 8.
  Geoffr. 2. t. 17. f. 3.
  Schaeff. elem. t. 13.
  ———— Ratisb. t. 8. f. 15.
  Bey Zürich etwas selten, im Wallis häufig.
1144 Asilus gibbosus. Lin. 6.
  Schaeff. Ratisb. t. 8. f. 11.
  In Bündten. Dr. Amstein.
1145 Asilus ater. Schwarze Stechfliege. Lin. 7.
  Schaeff. Ratisb. t. 8. f. 12.
  Bey Zürich selten, im Wallis, bey Genf und in Bündten.
1145 Asilus gilvus. Der Rothbräunen. Lin. 9.
  Schaeff. Ratisb. t. 78. f. 6.
  In Bündten und Wallis.
1146 Asilus marginatus. Lin. 10.
  Im Bündtnerland. Dr. Amstein.
1147 Asilus teutonus. Lin. 11.
  Schaeff. Ratisb. t. 8. f. 13.
  Im Bündtnerland und Wallis.
1148 Asilus germanicus. Lin. 12.
  Schaeff. Ratisb. t. 48. f. 9. 10.
  In der Schweiz gemein.
1149 Asilus forcipatus. Der Zangenschwanz. L. 13.
  Frisch. 3. t. 7.
  Auf Blumen nicht selten.

VI. Claß der Insecten. *Diptera.* Zweyflügelige.

No.		
1150 Asilus tipuloides. Schnackenartige.	Lin. 14.
Bey uns nicht selten auf Blumen in den Hecken.	
1151 Asilus oelandicus.	Lin. 15.
Schaeff. Ratisb. t. 8. f. 14?	
In Bündten. Dr. Amstein.	
1152 Asilus lusitanicus.	Lin. 17.
Eben daselbst. Dr. Amstein.	

Bombylius.   Schwebfliege.

1153 Bombylius major. Die Grosse.   Lin. 1.
   Schaeff. elem. t. 27. f. 1?
   Bey uns etwas selten.
1154 Bombylius medius. Die Mittlere.   Lin. 2.
   Schaeff. Ratisb. t. 79. f. 5?
   In der Schweiz nicht selten.
1155 Bombylius minor. Die Kleine.   Lin. 4.

   Schaeff. Ratisb. t. 46. f. 9.
   Bey uns nicht selten.

Hippobosca.   Lausfliege.

1156 Hippobosca equina. Pferdelausfliege.   Lin. 1.
   Frisch. 5. t. 20.
   Sulz. Kennz. t. 21. f. 141. g.
   Auf Pferden, Ochsen und Hunden nicht selten.
1157 Hippobosca avicularia. Vogellausfliege.   L. 2.
   In Bündten. Dr. Amstein.
1158 Hippobosca Hirundinis. Schwalbenlaußff.   L. 3.
   Schaeff. elem. t. 70.
   ——— Ratisb. t. 53. f. 1. 2.
   In den Schwalbennestern.
1159 Hippobosca ovina. Schaaflausfliege.   Lin. 4.
   Frisch. 5. t. 18.
   Auf den Schaafen nicht selten.

VII. Claß der Insecten.

Aptera. Ohne Flügel, oder Ungeziefer.

Lepisma. Schuppenthierchen.

1160 Lepisma saccharina. Zuckergast. Lin. 1.
    Geoffr. 2. t. 20. f. 3.
    Sulz. Kennz. t. 22. f. 142. a.
    Schæff. elem. t. 75.
    —— Ratisb. t. 134. f. 4.
    Allenthalben in den Häusern.

Podura. Fußschwanzthierchen.

1161 Podura plumbea. Das Bleyfarbige. Lin. 4.
    Sulz. Kennz. t. 22. f. 143. b.
    Bey uns nicht selten.
1162 Podura nivalis. Schneefloh. Lin. 6.
    In den Wäldern häufig, besonders im Winter auf dem Schnee.
1163 Podura arborea. Baumfloh. Lin. 8.
    Am Stamme moosichter Bäume, etwas selten.
1164 Podura aquatica. Wasserfloh. Lin. 12.
    Schæff. elem. t. 102.
    In Pfützen und Teichen nicht selten.

Termes. Holzlaus.

1165 Termes pulsatorium. Der Wanduhrschmidt. L. 2.
    Sulz. Kennz. t. 22. f. 144. d.
    Schæff. elem. t. 126.
    In den Häusern. Verderbt Kräuter- und Insecten-Sammlungen ꝛc.
1166 Termes fatidicum. Todtenuhr. Lin. 3.
    In den Häusern, in hölzernen Wänden ꝛc.

Pediculus. Thierlaus.

1167 Pediculus Humanus. Menschenlaus. Lin. 1.
1168 —— Pubis. Filzlaus. Lin. 2.
1169 —— Suis. Schweinlaus. Lin. 4.
1170 —— Ovis. Schaaflaus. Lin. 8.
1171 —— Bovis. Ochsenlaus. Lin. 9.
1172 —— Gallinae. Hünerlaus. Lin. 32.
1173 —— Columbae. Taubenlaus. Lin. 36.
1174 —— Apis. Bienenlaus. Lin. 40.

Pulex. Floh.

1175 Pulex irritans. Lin. 1.

Acarus. Milbe.

1176 Acarus Reduvius. Holzbock. Lin. 3.
    Auf Ochsen und Hunden, oft auch im Gebüsch.
1177 Acarus Ricinus. Hundsbock. Lin. 7.
    Frisch. 5. t. 19.
    Auf Hunden und Katzen nicht selten. Vulgo. Zacken.
1178 Acarus vespertilionis. Fledermausmilbe. L. 9.
    Frisch. 7. t. 7.
    Lebt häufig auf den Fledermäusen.
1179 Acarus telarius. Die Spinnerin. Lin. 14.
    Auf Pflanzen die dem Wind und Regen wenig ausgesetzt sind (z. E. in Blumentöpfen vor den Fenstern ꝛc.) sehr häufig.
1180 Acarus Siro. Die Käsmilbe. Lin. 15.
    Im alten Käß und Mehl häufig.

VII. Claß der Insecten.

1181 Acarus aquaticus. Wassermilbe. Lin. 21.
  Frisch. 8. t. 3.
  In Seen, Teichen und Sümpfen nicht selten.
1182 Acarus holosericeus. Die Erdmilbe. Lin. 22.
  Schaeff. Ratisb. t. 27. f. 3.
  In trockener Erde nicht selten.
1183 Acarus baccarum. Die Beerenmilbe. L. 23.
  Schaeff. Ratisb. t. 27. f. 1.
  ―― elem. t. 14.
  Auf Beeren-tragenden Stauden und Bäumen auch andern Pflanzen nicht selten.
1184 Acarus gymnopterorum. Bienenmilbe. L. 26.
  Auf Bienen und Hummeln nicht selten.
1185 Acarus coleoptrator. Käfermilbe. Lin. 27.
  Roesel 4. t. 1. f. 10–15.
  Schaeff. Ratisb. t. 27. f. 2.
  Auf den Käfern, besonders auf dem Roßkäfer und Todtengräber häufig.
1186 Acarus vegetans. Die Canalmilbe.
  Lin. Mantiss. 2.
  Frisch 4. t. 9.
  Auf den Käfern, etwas selten.

Phalangium. Afterspinne.

1187 Phalangium opilio. Der Weberknecht. L. 2.
  Sulz. Kennz. t. 22. f. 148.
  Geoffr. 2. t. 20. f. 6. p.
  In der Schweiz überall sehr gemein. Vulgo: Zimmerspinne.
1188 Phalangium cornutum. Gehörnte. Lin. 3.
  Geoffr. 2. t. 20. f. 6. n. o?
  Schaeff. elem. t. 13. f. 9. & t. 99.
  ―― Ratisb. t. 39. f. 13.
  Bey Zürich, Genf, etwas selten.
1189 Phalangium cancroides. Scorpionspinne. L. 4.
  Frisch. 8. t. 1.

Roesel 3. t. 64.
Schaeff. elem. t. 38.
―― Ratisb. t. 134. f. 3.
In den Häusern nicht selten.

Aranea. Spinne.

1190 Aranea diadema. Die Creutzspinne. Lin. 1.
  Roesel 4. t. 35.
  Frisch. 7. t. 4.
  Schaeff. elem. t. 21. f. 2.
  In der Schweiz überall gemein.
1191 Aranea cucurbitina. Die Kürbißförmige. L. 2.
  Auf Bäumen nicht selten.
1192 Aranea calycina. Lin. 3.
  Auf Blumen nicht selten.
1193 Aranea bipunctata. Der Hohlpunct. Lin. 6.
  In den Häusern nicht selten.
1194 Aranea arundinacea. Rohrspinne. Lin. 7.
  Schaeff. Ratisb. t. 19. f. 12.
  Im Rohr und Schilf nicht selten.
1195 Aranea angulata. Die Höckerspinne. Lin. 8.
  Bey und etwas selten auf Birken.
1196 Aranea domestica. Hausspinne. Lin. 9.
  Schaeff. Ratisb. t. 19. f. 10.
  Bey und an den Häusern, unter den Fenstern und Dächern gemein.
1197 Aranea labyrinthica. Die Wiesenspinne. L. 12.
  Schaeff. Ratisb. t. 19. f. 8.
  Auf Wiesen und Feldern gemein.
1198 Aranea redimita. Die Kranzspinne. L. 14.
  Schaeff. Ratisb. t. 64. f. 8.
  Frisch 10. t. 4.
  Nicht selten in unsern Gärten.
1199 Aranea sanguinolenta? Die Buntspinne. L. 18?
  Scop. carn. 1108.

Aptera. **Ohne Flügel, oder Ungeziefer.**

No.
Auf unserer Tafel Fig. 4.
Bey (Chiavenna) auf den Felsen.
1200 Aranea notata. Lin. 19.
Bey uns sehr selten.
1201 Aranea extensa. Lin. 22.
An sumpfichten Orten nicht selten.
1202 Aranea 4 punctata. Der Vierpunct. L. 28.
In den Häusern nicht selten.
1203 Aranea holosericea. Lin. 29.
In Bündten. D. Amstein.
1204 Aranea scenica. Die Mauerspinne. L. 36.
Schaeff. Ratisb. t. 44. f. 11.
An den Mauern, auf Schrosen und Felsen nicht selten.
1205 Aranea saccata. Die Sackträgerin. Lin. 40.
Frisch 8. t. 2.
Allenthalben auf der Erde.
1206 Aranea virescens. Lin. 42.
Schaeff. Ratisb. t. 49. f. 8?
Nicht selten in den Gärten.
1207 Aranea viatica. Lin. 43.
Frisch. 7. t. 5.
In unsern Gärten nicht selten.
1208 Aranea laevipes. Lin. 44.
Frisch 10. t. 14.
Bey uns etwas selten.
* 1209 Aranea Phalangoides.
Geoffr. 2. pag. 651. n. 17.
In Genf, in den Winkeln und verschlossenen Gewölbern nicht selten.
* 1210 Aranea longipes.
Scop. carn. 1120.
Petiv. gaz. t. 77. f. 14.
In Genf, hinter Schränken und Betstellen sc. nicht selten.

No.
Scorpio. Scorpion.
1211 Scorpio carpathicus. Lin. 2?
Schaeff. elem. t. 113.
Die Kämme haben nur 6—7 Zähne, der Schwanz hat unter dem Angel keine Spize — kommt also mit der Beschreibung, die Linnäus von dem Europäischen giebt, nicht überein.
Man findet unsern Scorpion ziemlich häufig bey Cleven und in den welschen Vogteyen in altem Mauerwerk unter Steinen sc.
Die Schäfferische Figur ragt vollkommen auf den unsrigen.

Cancer. Krebs.
1212 Cancer Astacus. Der Flußkrebs. Lin. 63.
Sulz. Kennz. t. 23. f. 151.
Roesel 3. t. 54, 55.
In der Schweiz sehr häufig.
1213 Cancer Pulex. Flohkrebs. Lin. 81.
Roesel 3. t. 62.
In Brunnen und Wassergräben nicht selten.

Monoculus. Kiefenfuß.
1214 Monoculus Pulex. Die Wasserfloh. Lin. 4.
Schaeff. elem. t. 29. f. 4.
———— Ratisb. t. 150. f. 5.
In Seen, Teichen und Wassergräben nicht selten.
1215 Monoc. quadricornis. Der Traubenträger. L. 6.
Roesel 3. t. 98. f. 1. 2. 4.
An gleichen Orten wo der vorhergehende.

Oniscus. Asel.
1216 Oniscus aquaticus. Wasserasel. Lin. 11.
Frisch 10. t. 5.

VII. Claß der Insecten. *Aptera.* Ohne Flügel, oder Ungeziefer.

No.			
	In Seen und Fischteichen nicht selten.		
	Schaeff. elem. t. 22.		
1217	Oniscus Asellus. Kelleresel.	Lin. 14.	
	Sult. Kennz. t. 24. f. 154. b.		
	Schaeff. elem. t. 92.		
	Geoffr. 2. t. 22. f. 1.		
	Allenthalben in der Schweiz sehr häufig.		
1218	Oniscus Armadillo. Die Steinassel.	Lin. 15.	
	Schaeff. Ratisb. t. 14. f. 3, 4.		
	In der Schweiz nicht selten.		

Scolopendra. Aßelwurm.

1219 Scolopendra Lagura. Der Hasenschwanz. L. 1.
  Geoffr. 2. t. 22. f. 4.
  Unter dem Moos nicht selten.
1220 Scolopendra coleoptrata. Lin. 2.
  Bey Luggaris.
1221 Scolopendra forficata. Lin. 3.
  Sult. Kennz. t. 24. f. 155.

Schaeff. elem. t. 111.
  Schaeff. Ratisb. t. 46. f. 12.
  In der Schweiz sehr gemein.
1222 Scolopendra electrica. Lin. 8.
  Frisch 11. t. 8. f. 1.
  In der Schweiz nicht selten.

Julus. Vielfuß.

1223 Julus terrestris. Erdvielfuß. Lin. 3.
  Frisch 11. t. 8. f. 3.
  Sult. Kennz. t. 24. f. 156.
  Bey uns sehr gemein.
1224 Julus complanatus. Flacher. Lin. 4.
  Bey uns nicht selten, unter der Rinde der Bäume.
1225 Julus sabulosus. Sandläufer. Lin. 5.
  Schaeff. elem. t. 73.
  ——— Ratisb. t. 88. f. 8.
  In sandichter trockener Erde, etwas selten.

NB. Wegen der Abwesenheit des Authors, und der Eilfertigkeit der Presse, sind einige Fehler eingeschlichen, die aber dem Verstande des Textes keinen Abbruch thun. Nur bitten wir unsre Leser, zu bemerken, daß 28 derienigen Zahlen, welche die Anzahl der Schweizerischen Insectenarten bestimmen, ausgelassen sind, und hingegen 6 doppelt stehen, und also die Anzahl der Schweizerischen Insecten nur auf 1203 Arten setzet.

Der Herausgeber.

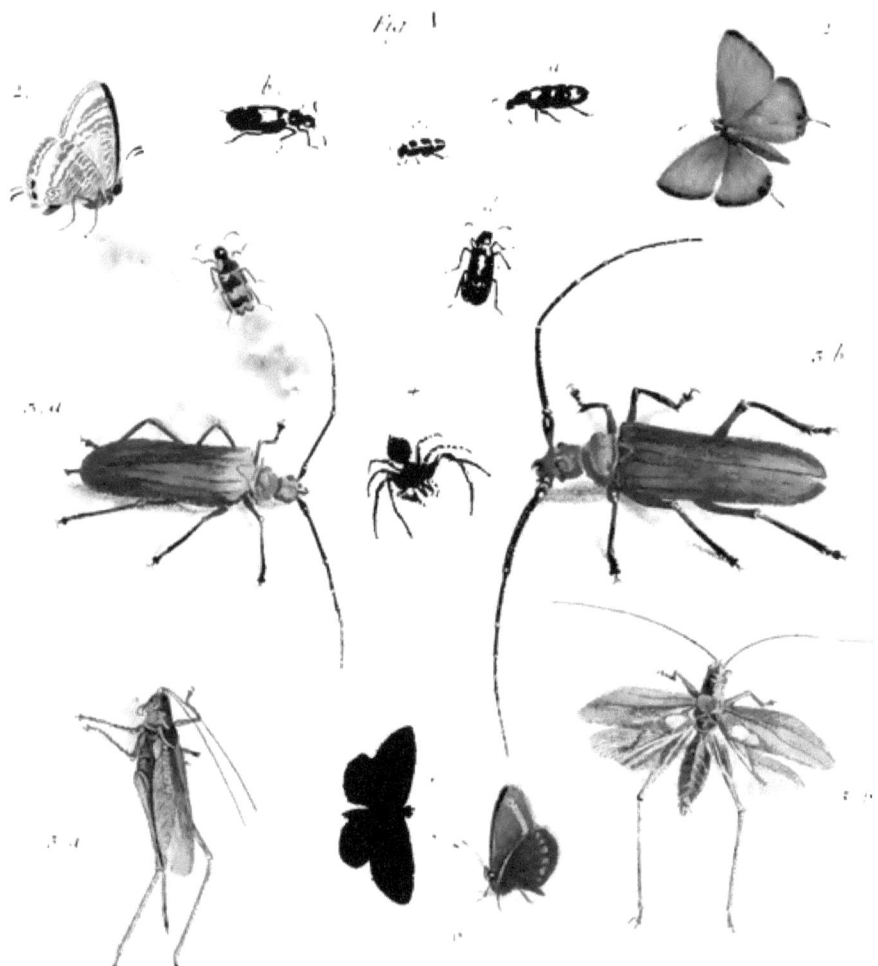